Milchreis

AF203430

Jutta Mehler, Jahrgang 1949, hängte frühzeitig das Jurastudium an den Nagel und zog wieder aufs Land, nach Niederbayern, wo sie während ihrer Kindheit gelebt hatte. Seit die beiden Töchter und der Sohn erwachsen sind, schreibt Jutta Mehler Romane und Erzählungen, die vorwiegend auf authentischen Lebensgeschichten basieren, sowie Kriminalromane.

Dieses Buch ist ein Roman. Handlungen und Personen sind frei erfunden. Ähnlichkeiten mit lebenden oder toten Personen sind nicht gewollt und rein zufällig.

JUTTA MEHLER

Milchreis

KRIMINALROMAN

emons:

Bibliografische Information der Deutschen Nationalbibliothek
Die Deutsche Nationalbibliothek verzeichnet diese Publikation
in der Deutschen Nationalbibliografie; detaillierte bibliografische
Daten sind im Internet über http://dnb.d-nb.de abrufbar.

© Emons Verlag GmbH
Alle Rechte vorbehalten
Umschlagmotiv: mauritius images/BY
Umschlaggestaltung: Tobias Doetsch
Gestaltung Innenteil: César Satz & Grafik GmbH, Köln
Druck und Bindung: CPI – Clausen & Bosse, Leck
Printed in Germany 2017
ISBN 978-3-7408-0067-3
Originalausgabe

Unser Newsletter informiert Sie
regelmäßig über Neues von emons:
Kostenlos bestellen unter
www.emons-verlag.de

Dieser Roman wurde vermittelt durch die Aulo Literaturagentur.

Ich bin ein angesehener Mensch,
sagte der Dieb, als er am Schandpfahl stand.

Deutsches Sprichwort

1

»Allein bin ich weniger einsam.« Fanni biss sich auf die Lippen. Zu spät. Es war gesagt, und es traf zu.

Die Tür fiel ins Schloss. Sprudels Schritte entfernten sich.

Du wirst schnell merken, wie einsam du ohne ihn bist! Du hast sie doch nicht alle!

So ist es, dachte Fanni.

Sie trat ans Fenster ihres Hotelzimmers und schaute auf die Straße hinunter. Sprudel bog gerade in den kleinen Fußgängertunnel ein, der ihn ans Ufer des Inn führen würde. Ein kleines Stück flussabwärts würde er die Brücke überqueren, die Kramsach mit Rattenberg verband, an der Spitalskirche vorbeigehen und auf den Schlossberg zuhalten.

Du könntest ihn noch einholen!

Fanni setzte sich aufs Bett.

Herrgott noch mal! Willst du wirklich dumm herumsitzen, während Sprudel sich mit Rattenbergs Kulturbeauftragten trifft, die aussieht wie Liz Taylor zu ihren Glanzzeiten, klug und gewandt ist und offenbar Bemerkenswertes zu berichten hat?

Fanni straffte sich und stand auf. Ich werde den Inn entlanggehen – flussaufwärts.

He! So war das nicht gemei…

Fanni achtete nicht mehr auf die Gedankenstimme. Sie schlüpfte in ihre Sportschuhe, griff nach ihrer Jacke, und gleich darauf fiel erneut die Tür ins Schloss.

Als sie auf die Straße trat, wurde ihr klar, dass sie keine Jacke brauchen würde, selbst wenn sie bis tief in die Nacht draußen bleiben wollte. Der diesjährige Sommer wartete bereits mit der dritten Hitzewelle auf. Die Mittagstemperaturen lagen weit über dreißig Grad, abends kühlte es kaum ab. Die Presse brachte die für Hitzeperioden üblichen Schlagzeilen, die sich langsam, aber sicher abdroschen: »Bauern erleiden

Ernteeinbußen« – »Gletscher schmelzen« – »Blow-ups auf den Autobahnen«.

Sieben Uhr abends, dachte Fanni nach einem Blick auf ihre Armbanduhr, und wohl immer noch an die dreißig Grad warm.

Man glaubt sich im süditalienischen Apulien anstatt im Nordtiroler Alpbachtal!

Fanni blieb stehen und ließ den Blick über die Berggipfel wandern, die ringsum Zacken in den knallblauen Himmel schnitten. Um einige besonders markante Gipfel hatten sich kleine weiße Wölkchen gebildet.

Wie Brautkränze, die vom Himmel auf sie heruntergeschwebt sind.

Fanni schüttelte sich, als käme sie aus einem Regenguss. Seit wann hatte ihre Gedankenstimme lyrische Anwandlungen?

Verkrampft, verbissen, verklemmt! Mach dich mal locker! Schau dich weltoffen um! Siehst du, wie Rattenbergs malerische Kulisse im späten Sonnenlicht glänzt?

Und wie der Inn seine lehmige Brühe daherwälzt?, hielt Fanni dagegen. Unmengen von Gletscherwasser rauscht hier vorbei – aus den Ötztaler Alpen, den Stubaiern, den Zillertalern. Der Fluss steht beängstigend hoch, schwappt an der Kaimauer hinauf und hinterlässt hässliche Schlieren.

Die Gedankenstimme verzichtete auf eine Replik.

Fanni stand noch immer vor dem Hoteleingang und wusste nicht recht, wohin. Sollte sie am Kramsacher Ufer den Inn flussaufwärts gehen? Falls sie sich dafür entschied, konnte sie in Badl in einen Rundwanderweg einbiegen, der zum Museumsfriedhof, von dort zur Mariatalkirche und über den Reintaler See zum Fluss zurückführte. Sie würde allerdings spätestens im Marientaal umkehren müssen, weil die gesamte Wanderung ihrer Schätzung nach mehr als drei Stunden dauerte.

Aber mittendrin umzukehren lag Fanni ganz und gar nicht.

Deshalb schrieb sie den Rundweg (der sich laut Wanderkarte über weite Strecken mit dem Jakobsweg deckte) ab, wandte sich um und schlug den Weg ein, den Sprudel eine Viertelstunde vor ihr genommen hatte.

Rattenbergs Hauptstraße war wie üblich von Touristen bevölkert. Jetzt am Abend strömten viele dem Schlossberg zu, wo kurz vor dem Dunkelwerden die tägliche Vorstellung auf der Freilichtbühne beginnen würde.

Fanni folgte der Inngasse bis zum Sparkassenplatz, wo sie in die Südtiroler Straße einbog. Warum nicht an den Souvenirläden, den Straßencafés, dem bunten Angebot an mundgeblasenem Glas vorbeischlendern, für das Rattenberg berühmt war? Warum den Blick nicht über die Fassaden der mittelalterlichen Häuser mit ihren Erkern, ihren Wappen, ihren Reliefs schweifen lassen?

Rattenbergs eindrucksvolles Stadtbild sollte imstande sein (vielleicht hatte die Gedankenstimme ja recht), ihre düstere Stimmung aufzuhellen, die sie am Abend zuvor wie eine Woge verschluckt hatte. Unvermutet. Hinterrücks. Ohne ersichtlichen Grund.

Fanni rieb sich ein paarmal über die Stirn, als könne man Trübsinn wegrubbeln. Woher kam diese Schwärze, die sie seit gestern Abend einhüllte? Sie und Sprudel hatten sich doch so auf ihre kleine Reise gefreut. Und es war ja auch alles ganz wunderbar gewesen, bis sich dieses seltsame Dunkel auf Fanni heruntersenkte. Schwer. Unheimlich. Drohend. Ja, drohend, als brüte es Unheil aus. Aber irgendwie musste ihm doch beizukommen sein.

Beim ehemaligen Zollhaus gelangte Fanni wieder auf die Innpromenade und folgte nun dem Radweg flussaufwärts.

Sie kam zügig voran. Nur wenige Male musste sie einem Radfahrer ausweichen, einmal einem jungen Paar mit Kinderwagen.

Der Umgebung schenkte sie nun keine Beachtung mehr. Sie hatte den Kopf gesenkt und schaute zu, wie ihre Füße Strecke fraßen. Erst als die Häuser der Marktgemeinde Brixlegg auftauchten, machte sie halt und blickte über den Fluss.

Vom Wasser stiegen helle Nebelschwaden auf, verloren sich in der Dämmerung, die sich bereits über die westlichen Berggipfel senkte.

Willst du warten, bis es finster wird? Rückzug marsch, marsch!

Doch statt der Vernunft zu gehorchen, umzudrehen und sich mit Kurs auf Rattenberg wieder in Bewegung zu setzen, lungerte Fanni an Ort und Stelle herum, als wollte sie testen, ob der Platz zum Campen geeignet sei.

Der Inn war breit und strömte schnell. Seine Wassermassen schienen überwältigend. Sie schwemmten haufenweise Treibholz mit – dicke und dünne Äste, halbe Baumstämme, zersplitterte Bretter, angefaultes Schilf –, dazwischen wirbelten Plastiktüten und Stofffetzen.

Fanni dachte an die Innpromenade in Passau, von der aus man, meistens jedenfalls, in ein träge dahinfließendes Gewässer schauen konnte, das sanft an seinen Ufern entlangstrich. Im Alpbachtal dagegen zeigte der Inn seine gewaltige Kraft.

Was hier in die Fluten gerät, wird auf der Stelle mitgerissen, sinnierte Fanni. Gnadenlos. Kopfüber, kopfunter. Weit und weiter, bis es per Zufall vielleicht in ein Kehrwasser gelangt und sich in irgendwelchen Stauden verfängt.

Ihr Blick machte sich auf die Suche nach einer Uferstelle, an der sich die Strömung – durch ein Hindernis dazu getrieben – flussaufwärts kehrte, fand aber nichts.

Kein guter Tummelplatz für Paddler, dachte sie, als ihr einfiel, dass sie erst neulich einen Bericht über Kanuwandern auf dem Inn gelesen hatte. Wo sollten sie anlegen? Wo einsteigen?

Genau das werden die sich auch fragen und wohl kaum Antwort darauf finden. Was der Grund sein muss, weswegen dir noch kein einziger untergekommen ist!

Ein kleines Boot würde hier zum Spielball der Wassermassen werden, es würde hüpfen und torkeln, herumgeschleudert werden, letztendlich kentern …

Genug gegrübelt! Abmarsch!

Endlich setzte sich Fanni in Trab.

Der Rückweg zog sich endlos, erschien ihr viel länger als die Strecke, die sie hinwärts gegangen war.

Und niemand mehr unterwegs! Gespenstisch!

Sie begegnete tatsächlich keiner Menschenseele. Nur eine Blindschleiche kreuzte irgendwann ihren Pfad.

Schlangengift und Bilsenkraut ...

Blindschleichen gehören zur Gattung der Echsen.

Na und! Sie sehen aus wie Schlangen und verheißen bestimmt nichts Gutes.

Fannis Schritte wurden schleppend. Auf einmal fühlte sie sich erschöpft und völlig ausgelaugt.

Sie blieb stehen.

Die Dämmerung hatte sich mittlerweile auch über den Fluss gelegt, ihn eine Nuance dunkler gefärbt. Die Rattenberger Burg – sie schien gar nicht so weit entfernt – war bereits ins Licht der Scheinwerfer getaucht. Am Kai flackerten die ersten Laternen auf, malten helle Kreise auf den Boden. Das wirkte irgendwie gemütlich.

Fanni entschied, eine kleine Rast einzulegen.

Bedachtsam trat sie näher an den Fluss, begutachtete die Uferbefestigung.

Versetzt gelagerte Steinquader bildeten eine maßvoll geneigte Böschung und schufen damit die Voraussetzung, bis an die Wasserlinie hinuntersteigen zu können.

Fanni entschied, sich bis dorthin vorzuwagen und den Blick in die Fluten zu versenken. Galt strömendes Wasser nicht als Seelentröster? Womöglich gelang es dem Inn, alles Trübe und Dunkle aus ihr herauszuwaschen, sodass sie gereinigt, gestärkt und guter Dinge ins Hotel zurückkehren konnte.

Fanni überkletterte die beiden obersten Steinblöcke, dann zögerte sie. Der darunter sah verdächtig glatt aus.

Abzurutschen wäre fatal!

Sie wich nach links aus, wo zwei kleinere Quader ganz passable Trittstufen boten.

Nachdem diese überwunden waren, bewahrte sie nur noch ein flacher Felsblock, dessen eine Hälfte periodisch überspült wurde, davor, nasse Füße zu bekommen. Ein unsichtbares Hindernis im Flussbett schien jene kleinen, seitwärts gerichteten Wellen zu verursachen, die ihn so regelmäßig trafen.

Jede zweite schwappte auf den Stein, plätscherte über die vordere Hälfte und verschwand dann auf Nimmerwiedersehen in einem Becken, das sich rechts hinter dem Stein gebildet hatte, weil die Uferverbauung ein Stück zurückwich und eine kleine Bucht formte. Treibgut sorgte dafür, dass sich das Wasser dort staute.

Fanni setzte sich auf die unterste der Trittstufen und starrte ins Wasser. Ihr Blick folgte den Wellen über den Stein in die Bucht; nahm wahr, wie sie die Wasseroberfläche kräuselten, was etwas wie ein Flüstern erzeugte; registrierte, wie sie den grasigen Bewuchs auf dem Grund des flachen Beckens sanft wogen ließen; bemerkte, dass sie dem Morast am Ufer leise Seufzer entlockten.

Das friedlich wogende Gras wirkte fein und seidig wie Frauenhaar. Fanni betrachtete die Spitzen, die in gleichbleibendem Rhythmus sachte aufstiegen und sachte niedersanken.

In der stillen Bucht war das Wasser klarer. Lehm und Sand hatten Zeit gehabt, sich auf dem Grund abzusetzen.

Fanni konnte erkennen, dass der Grund recht steinig war, und fragte sich, wie dort etwas hatte gedeihen können.

Ihr Blick glitt die spinnwebfeinen Fäden entlang, suchte die Stelle, der sie entsprossen, und fand ein Gesicht, das sie mit aufgerissenen Augen anstarrte.

Fanni zuckte zurück.

Bloß eine Spiegelung!

Natürlich, was sonst? Das Wasser reflektierte ihre eigenen Züge.

Aber was für eine kuriose Spiegelung. Als ob das Grasbüschel aus ihrem Kopf wüchse.

Du solltest dich mal lieber auf den Rückweg machen, anstatt Reflexionen im Wasser zu studieren, die, statt Schwermut zu vertreiben, Vexierbilder heraufbeschwören! Bis zu deinem Hotel in Kramsach hast du noch eine schöne Strecke vor dir!

Fanni gab ihrer Gedankenstimme unumwunden recht. Jawohl, sie sollte sich auf den Weg machen. Augenblicklich.

Ihr Blick haftete noch auf dem sich periodisch verzerrenden Gesicht im Wasser, als sie sich erhob und sich mit beiden Händen durch die Haare fuhr. Kamm und Bürste benutzte sie ohnehin selten. Sie zupfte gerade eine Strähne, die ihr in die Stirn fiel, zurecht, als sie mitten in der Bewegung innehielt.

Das vermeintliche Spiegelbild hatte sich nicht verändert.

Kann doch nicht sein!

Ist aber so, dachte Fanni und wedelte mit beiden Händen um ihren Kopf herum.

Nichts. Keine Entsprechung.

Geh mal näher ran!

Ihr graute davor, dennoch tat sie den nächsten Schritt.

Zaghaft stieg sie auf die trockene Hälfte des halb überspülten Steinquaders und beugte sich über das Wasserbecken in der Bucht. Dort folgte ihr Blick den unter Wasser wogenden Fäden – die sie aus größerer Entfernung für Grashalme gehalten hatte – bis dahin, wo sie wurzelten. Aus der Nähe wirkten sie schwarz, glatt und seidig. Sie sprossen nur an einer einzigen Stelle. Die befand sich oberhalb einer weißen Stirn. Unterhalb starrten zwei weit geöffnete Augen in den Himmel.

Fanni beugte sich tiefer hinunter und studierte die Gesichtszüge, die sich seltsam konturlos zeigten, was an den Wellen liegen mochte, die sie ständig schlingern ließen.

Augen, Nase und Kinn waren jedoch erkennbar. Neben dem Kinn schwebte ein breites rotes Band im Wasser.

Fanni kniff die Augen zusammen, um den Blick schärfer zu stellen.

Ein Schal!

Richtig. Wehender roter Stoff, der immer wieder einen hellen Hemdblusenkragen freigab. Der Kragen gehörte zu einem Sommerkleid, das in der Taille mit einem ebenfalls roten Gürtel zusammengehalten wurde. Der Rock hatte sich in Ziehharmonikafalten nach oben geschoben. Zwei nackte Beine lagen angewinkelt in einer flachen Mulde. Zwei Füße steckten in roten Pumps.

Eine Wasserleiche!

Fanni richtete sich mit einem Ruck auf, wodurch sie aus

dem Gleichgewicht geriet und mit den Armen rudern musste, um nicht in den Fluss zu fallen.

Wenn du nicht ein wenig mehr Umsicht walten lässt, wirst du ihr gleich Gesellschaft leisten!

Fanni raffte ihren Verstand zusammen, der sie als Erstes einen Schritt zurücktreten ließ, wodurch sie wieder den sicheren Trittstein erreichte, auf dem sie zuvor gesessen hatte. Mit einem Aufstöhnen ließ sie sich erneut darauf nieder und barg das Gesicht in den Händen.

War wirklich und wahrhaftig vorhanden, was sie dort im Wasser gesehen zu haben glaubte, oder halluzinierte sie? Hatte das traumatische Erlebnis damals in Marokko, das ihr einen Teil des Gedächtnisses raubte, noch viel mehr Schaden angerichtet? Hatte damals irgendwo in ihrem Hirn ein zerstörerischer Prozess begonnen, der sich fortsetzte und fortsetzte bis in die geistige Umnachtung?

Flirrende Hitze, schillerndes Wasser! Das sind doch beste Bedingungen für eine Sinnestäuschung!

Fanni stöhnte abermals, senkte das Kinn auf die Knie und verschränkte die Hände über dem Kopf, als müsste sie sich vor einem Kugelhagel schützen.

»Fühlen Sie sich nicht wohl?«

Als ob es einen Grund gäbe, mich wohlzufühlen, dachte Fanni.

»Kann ich Ihnen irgendwie helfen?«

Willst du nicht wenigstens »Danke ja« oder »Danke nein« sagen?

Fanni hob den Kopf und schaute sich um.

Auf dem Uferweg stand ein mit Angelgerät bepackter Mann und blickte besorgt auf sie hinunter.

»Kann ich helfen?«, wiederholte er.

Fanni schluckte. Danke ja oder danke nein?

Wie wär's mit »Vielleicht«?

Bevor sie sich für etwas entscheiden konnte, legte der Mann seine Utensilien an den Wegrand, stieg zu ihr hinunter, ging neben ihr in die Hocke und sah ihr prüfend ins Gesicht.

»Ich weiß nicht«, sagte Fanni.

Die Miene des Fremden, die zuvor Beunruhigung und Sorge ausgedrückt hatte, hellte sich plötzlich auf, seine Augen blitzten. Er wirkte, als hätte er soeben eine freudige Überraschung erlebt oder rechne fest damit, gleich eine zu erleben.

Was glaubt der? Dass du ihm begeistert um den Hals fällst, weil er sich zu dir herunterbemüht hat?

Fanni musste zugeben, dass der Angler genau diesen Eindruck erweckte. Hatte es nicht sogar den Anschein, als wolle er die Arme ausbreiten? Er führte die Bewegung jedoch nicht aus und ließ die Hände wieder sinken. Es waren sehnige, braun gebrannte Hände, die er nun hinter dem Rücken verschränkte, als hätte er sie unversehens in Verbannung schicken müssen.

Fanni suchte seinen Blick, der ihr jetzt betont gleichmütig begegnete. Seine Gesichtszüge waren auf einmal unbewegt, wie mit Lack überzogen. Die beiden tiefen Falten, die von der Nase zu den Mundwinkeln verliefen, die leicht gerunzelte Stirn, der starre emotionslose Ausdruck gaben ihm das Aussehen einer Gelehrtenbüste.

Fanni schätzte den Mann auf Mitte sechzig. Er war groß gewachsen, breitschultrig und muskulös. Das schüttere Haupthaar ließ ihn womöglich älter aussehen, als er tatsächlich war.

Unvermittelt tauchte Sprudel vor ihrem inneren Auge auf. Wieso? Die beiden sahen sich überhaupt nicht ähnlich.

»Ich wollte Sie nicht belästigen«, sagte der Angler und wandte sich zum Gehen.

»Das haben Sie nicht«, hielt Fanni ihn auf.

Er sah sie abwartend an.

Fanni deutete stumm ins Wasser.

Der Angler hob auf eine Art die Schultern, die Resignation und Willfährigkeit ausdrückte, als wollte er sagen, dass er sich zwar brüskiert fühle, aber weit davon entfernt war, unhöflich oder abweisend zu erscheinen. Wenn die Dame von ihm verlangte, Laufkäfer, eine tote Ratte oder einen verendeten Wasservogel zu besichtigen, würde er das eben tun.

Er beugte sich so weit vor, wie er es wagen konnte, ohne

die Balance zu verlieren, und blickte in die kleine Bucht. Im nächsten Moment entwich ihm ein Luftschwall.

»Donner und Doria.«

Kaum hatte er es ausgesprochen, zückte er ein Mobiltelefon, wählte, und gleich darauf hörte Fanni ihn einen Leichenfund melden.

Sie bekam nur halb mit, was er sagte, weil ihr das Donner und Doria noch befremdlich in den Ohren klang. »Donner und Doria«, wie unpassend.

Was wäre denn deiner Meinung nach passender gewesen? Ein Spruch, wie er auf einem der Grabkreuze auf dem Kramsacher Friedhof zu lesen sein könnte: »Sie war stramm wie eine Eiche, jetzt ist sie eine Wasserleiche.«

Fanni kam ein winziges Lächeln an. Der Kramsacher Museumsfriedhof. Sie hatte ihn zusammen mit Sprudel besichtigt, gestern, nach der Tour aufs Wiedersberger Horn. Es war ein amüsanter Ausflug gewesen.

Sprudel hatte eine Broschüre des Tourismusverbandes gezückt und daraus die wohl bekannteste Inschrift vorgelesen: »Hier liegt Martin Krug, der Kinder, Weib und Orgel schlug.«

Das schmiedeeiserne Grabkreuz des Organisten hatten sie unter einer Efeuranke in dem kleinen Wäldchen entdeckt, das den Friedhof beherbergte. Zwischen Bäumen locker verteilt befanden sich noch viele weitere Grabkreuze mit skurrilen Sprüchen. Offenbar waren sie aus ganz Österreich zusammengetragen worden. Laut Broschüre handelte es sich sogar um die weltweit größte Sammlung kurioser Grabinschriften.

»Wir müssen warten, bis die Polizei da ist«, sagte der Angler und setzte sich neben Fanni auf einen Steinquader.

Eine ganze Weile hockten sie – jeder vor sich hin brütend – nebeneinander. Plötzlich streckte der Angler die Hand aus. »Hofer. Maximilian Hofer aus Regen im Bayerischen Wald.«

Fanni schüttelte die dargebotene Hand und stellte sich vor.

Erneut bedachte er sie mit einem Blick, als ob er etwas von ihr erwarte.

Was kann der Kerl bloß wollen?

Vielleicht will er ein Dankeschön hören, überlegte Fanni, ein Dankeschön dafür, dass er mir Gesellschaft leistet. Gut, den Gefallen konnte sie ihm tun.

Als Antwort nickte er bloß und wirkte enttäuscht.

Möglicherweise ist er eine prominente Persönlichkeit und meint, du müsstest ihn kennen!

Eine prominente Persönlichkeit aus Regen im Bayerischen Wald? Mit Namen Hofer? Einem Allerweltsnamen, so gewöhnlich wie Schuster, Winter und Schneider?

Dieser Hofer könnte natürlich der Regener Bürgermeister sein, überlegte Fanni, oder der örtliche Polizeichef oder der Organisator der Inselkonzerte. Aber selbst dann kann er doch nicht erwarten, dass ihn alle Welt erkennt.

Hofer war wieder aufgestanden und ans Wasser getreten. Schwermütig starrte er hinein. »Wer kann das sein?«

»Liz Taylor«, platzte Fanni heraus.

Hofer drehte sich um und sah sie derart bestürzt an, dass offenkundig war, welchen Schluss er aus ihrer Antwort zog.

Gratuliere! Jetzt ist es für ihn ausgemacht, dass du einen Sprung in der Schüssel hast. Weißt du, was dieser Hofer auf deinen Grabstein setzen lassen würde, gäbe man ihm Gelegenheit dazu? »Hier ruht die irre Fanni Rot – komplett umnachtet fand sie den Tod.«

Fanni unterdrückte einen Klagelaut und presste die Fingerspitzen an die Stirn. Nicht genug damit, dass sie sich soeben vor dem Angler aus dem Bayerwald unmöglich gemacht hatte, schien sich ihre Gedankenstimme nun auf skurrile Grabsprüche einzuschießen.

Wie lange ertrug sie diese Stimmen-Plage eigentlich schon? Ein Leben lang? Vermutlich. Jedenfalls erinnerte sie sich nicht daran, je davon verschont gewesen zu sein. Sie war sich allerdings sicher, dass sich die Gedankenstimme früher gesitteter verhalten hatte. Zurückhaltender. Dieses infame Sprüche-Spiel hatte jedenfalls erst während der Ermittlungen im Wolfsmilch-Fall begonnen. Mit Never-Parolen. Peinigend. Sadistisch. Unentwegt, bis der Täter überführt war. Und ein Jahr später, als

Fanni und Sprudel zwei Mordfälle in Bad Kötzting aufklärten, war sie mit chinesischen Weisheiten bombardiert worden. Nun gab es Grabsprüche. Schauderhaft.

»Liz Taylor«, wiederholte Hofer in einem Ton, hohl vor zurückgehaltener Empörung.

Fanni sah auf. »Roter Schal, rote Schuhe, dunkle Haare. Sie muss es sein, auch wenn sich die Gesichtszüge kaum erkennen lassen.«

»Liz Taylor ist schon seit Jahren tot«, sagte Hofer dumpf. »Liegt vermutlich auf einem amerikanischen Friedhof.«

Willst du ihn nicht endlich aufklären?

»Ich weiß«, erwiderte Fanni. »Aber die Kulturbeauftragte der Stadt sieht ihr auf den ersten Blick verblüffend ähnlich, finde ich.« Sie verschwieg, dass sich dieser erste Eindruck bald relativiert hatte.

Hofer hatte sich mit einem Ruck vorgebeugt, um die Frau unter Wasser genauer betrachten zu können. Dabei geriet er ins Schwanken, fing sich jedoch wieder. Nach einer Weile richtete er sich auf.

»Sie haben recht. Das ist sie. Woher kennen Sie sie?«

Fanni wollte schon antworten, dass Liz Taylor in den Sechzigern wöchentlich in den Illustrierten abgebildet gewesen war, als ihr klar wurde, dass Hofer die Kulturbeauftragte meinte. »Sprudel und ich sind gestern nach der Aufführung mit ihr zusammengetroffen.«

Täuschte sie sich, oder war Hofer soeben zusammengezuckt? Hatten sich seine Augen verengt und die Brauen gehoben?

Als er sprach, war seine Miene wieder blank. »Jemand hat Sie mit ihr bekannt gemacht?«

Fanni nickte vage. Wieso sollte sie sich vor einem Fremden darüber auslassen, wie der Kontakt zustande gekommen war? Außerdem war es purer Zufall gewesen.

Nach der Aufführung der Laienspielgruppe auf der Schlossbergbühne – ein Stück mit dem Titel »Räuberg'schichten« stand dieses Jahr auf dem Programm – hatten sich die Akteure unters

Publikum gemischt, und diejenigen Zuschauer, denen es nicht eilig damit war, nach Hause zu kommen, hatten mit diesem oder jenem Darsteller ein Glas getrunken und einen Schwatz gehalten. Fanni und Sprudel hatten sich eine Weile mit einer Nebendarstellerin unterhalten, danach mit dem Regisseur, und irgendwann befanden sie sich im Gespräch mit der Kulturbeauftragten der Stadt Rattenberg, die eine der Hauptrollen spielte. Ihren Namen kannten sie aus dem Programmheft: Cornelia Wolters. Überraschend war, dass Frau Wolters wusste, wen sie vor sich hatte, als Fanni und Sprudel sich vorstellten.

Sie hatte gelacht, als Fanni fragte, woher sie sie kenne. »Grad hat sich wieder gezeigt, wie klein die Welt ist.« Dann wurde sie ernst. »Erinnern Sie sich an die Familie Stolzer aus Deggendorf? An Willi, der vor etlichen Jahren im Klettergarten verunglückt ist, weil irgendwas an seiner Sicherung manipuliert war? Sie beide haben den Fall damals aufgeklärt und Willis Mörder überführt.«

An die Stolzers erinnerte sich Fanni gut. Sie waren Bergfreunde von ihr und ihrem damaligen Mann Hans Rot gewesen. Willis Tod fiel allerdings in den Zeitraum, den Fannis Gedächtnis auszulöschen beschlossen hatte.

»Die Stolzers stammen aus Rattenberg«, hatte Cornelia Wolters zu Fannis nicht geringer Überraschung kundgetan. »Sie sind einmal angesehene Bürger unserer kleinen Stadt gewesen.«

Fanni war bis zu diesem Augenblick davon überzeugt gewesen, die Stolzers seien alteingesessene Deggendorfer. »Dass sie irgendwann in Rattenberg gewohnt haben, hat nie einer von ihnen erwähnt.«

»Ist ja auch schon eine Weile her«, erwiderte Cornelia Wolters verschmitzt.

Fanni wartete auf mehr und wurde nicht enttäuscht.

»Ende des 15. Jahrhunderts, als Rattenberg noch zu Bayern gehört hat, ist von der Obrigkeit der Bau unserer Pfarrkirche beschlossen worden«, berichtete die Kulturbeauftragte. »Christian Nickinger, der für das Vorhaben verantwortliche Baumeister, hat sich im ganzen Land nach guten Leuten umgesehen und hat unter anderem einen Johann Stolzer angeworben. Dieser Stolzer hat so prima gearbeitet, dass man ihn nicht mehr gehen lassen wollte. Und was war wohl die einfachste Möglichkeit, ihn hier festzunageln?« Sie grinste. »Man hat ihn mit einer Rattenberger Bürgerstochter verkuppelt. Einer, die gewusst hat, was sie der Stadt schuldig ist. Sie hat dem Stolzer nämlich im Lauf der Jahre ein gutes Dutzend Kinder geboren.«

»Ein halbes Jahrtausend ist das her«, hatte Fanni ausgerufen, und Cornelia Wolters hatte genickt.

»Längst vergessen und begraben, wäre mein Bruder nicht so ein Maulwurf, der mit Vorliebe in halb zerfallenen Urkunden gräbt. Martin hat das Dutzend Kinder genau unter die Lupe genommen. Dabei ist er auf die bayerischen Stolzers gekommen und hat irgendwann Verbindung mit ihnen aufgenommen. Daraufhin sind sie angereist. Toni und Gisela, Martha und Willi. Der Kontakt zu ihnen ist danach nicht mehr ganz abgerissen. Deswegen weiß ich, wie Willi zu Tode kam und wer seinen Mörder überführt hat. Ohne Sie wäre der wahrscheinlich nie gefasst worden.«

Sprudel hatte daraufhin ein paar bescheiden abwehrende Worte gefunden, aber Fanni war stumm geblieben. Selbstverständlich wusste sie, wie sie und Sprudel Willis Mörder auf die Fährte gekommen waren; wie Leni dabei in Gefahr geraten war; wie sie beide letzten Endes dem Täter in die Fänge gerieten und mit Ach und Krach gerettet werden konnten. Sprudel hatte ihr mehrfach davon erzählt.

Fanni wusste über das alles Bescheid, wie die Zuschauer nach der heutigen Aufführung über die Abenteuer des Räuber Faigl Bescheid wussten. Wie Zuschauer eben. Im Theater, im Kino, in Zeitungsberichten war das in Ordnung, gehörte sich so. Aber im wirklichen Dasein? Was, wenn man wie Fanni das Publikum des eigenen Lebens war? Zumindest eines Teils davon?

Sie horchte auf, als sie Cornelia Wolters mit gesenkter Stimme sagen hörte: »... die Sache gefällt mir nicht. Irgendwas ist faul. Das Dumme ist nur, dass ich keinen Beweis habe. Nicht den kleinsten. Ehrlich gesagt habe ich nichts als ein ungutes

Gefühl.« Sie lächelte befangen. »Jetzt, wo wir uns begegnet sind, geht mir die Frage im Kopf herum, ob Sie vielleicht …« Offensichtlich scheute sie sich, den Satz zu beenden.

Es entstand eine peinliche Pause.

Sprudel warf Fanni einen fragenden Blick zu, den sie mit einem blinden Starren erwiderte, denn exakt in diesem Augenblick war sie von jener Woge erfasst worden, die sie in Schwärze hüllte.

Die Pause dehnte sich. Als das Schweigen prekär wurde, sagte Sprudel in höflichem, aber distanziert wirkendem Ton: »Wenn wir auf irgendeine Weise helfen können – gern.«

Daraufhin hatte ihn Cornelia Wolters impulsiv am Arm gepackt. »Wenn Sie beide sich morgen ein wenig Zeit nehmen könnten, gegen vier vielleicht? Vielleicht gelingt es uns gemeinsam, die richtigen Schlüsse …« Ihre Stimme versandete. Sie gab Sprudels Arm frei, öffnete ihre Handtasche und brachte ein kleines blaues Büchlein, kaum größer als eine Zigarettenschachtel, zum Vorschein.

Sie reichte es Sprudel. »Ich habe mir da drin Notizen gemacht. Eine Aufstellung, die Sie sich ansehen sollten. Eine alarmierende Aufstellung, wie ich finde. Nehmen Sie«, drängte sie, weil Sprudel keine Anstalten machte, nach dem Büchlein zu greifen. »Da steht alles drin, was ich in den vergangenen Monaten zusammengetragen habe. Es …«

Sie unterbrach sich, weil zwei Darsteller, ein Mann mittleren Alters mit Vollbart, der im Stück einen räuberischen Musikanten gespielt hatte, und der Junge, der zum Auftakt auf der Bühne ein Rad geschlagen hatte, auf sie zukamen. Ein weiterer Mann, der Fanni trotz seiner imposanten Erscheinung zuvor nicht aufgefallen war, befand sich in ihrer Begleitung. Hastig drückte Cornelia Wolters Sprudel das Notizbuch in die Hand. »Nehmen Sie. Schauen Sie sich die Sache an.« Fast flüsternd fügte sie hinzu: »Bei Ihnen ist es sowieso besser aufgehoben.«

Sprudel hatte das Büchlein in seine Jackentasche gleiten lassen, bevor die beiden Männer und der Junge bei ihnen angelangt waren. Der Musikantendarsteller mit dem Vollbart wurde ihnen als Martin Steber vorgestellt, die imposante Erscheinung als Herr Ziller. Zu wem der Junge gehörte, erfuhren sie nicht, denn der wurde von irgendwoher gerufen und sauste davon, bevor sie sich ihm zuwenden konnten.

Fanni fühlte einen Anflug von Erregung, als Ziller ihr die Hand reichte. Die Autorität, die von ihm ausging, war deutlich zu spüren. Er musste ein wichtiger Mann sein. Wie wichtig, erfuhr sie bereits im nächsten Moment. Ziller war Aufsichtsratsvorsitzender eines großen österreichischen Industriekonzerns und – was für die Kulturbeauftragte wohl die wichtigere Rolle spielte – Hauptsponsor der Festspiele.

»Wenn wir unseren Lothar Ziller nicht hätten …« Cornelia Wolters machte eine Geste, die eindeutig zu verstehen gab, dass es dann aus wäre mit den Theaterstücken auf dem Schlossberg.

Der weiteren Unterhaltung hatte Fanni entnommen, dass nicht nur Zillers Finanzspritzen unentbehrlich für den Fortbestand der Festspiele waren, sondern auch dessen Rat und Mithilfe.

Sie nahm ihn genauer in Augenschein.

Ziller war nicht ganz so groß wie zunächst angenommen, denn Sprudel überragte ihn um etliche Zentimeter. Fanni fragte sich, ob das Ansehen, das er genoss, alle um ihn herum kleiner wirken ließ. Sogar der lange Steber schien ihn kaum zu überragen.

Vielleicht trug auch die volltönende Stimme das ihre dazu bei, Zillers Größe falsch einzuschätzen. Sie ließ ihn womöglich mehr Raum einnehmen, als sein Körper tatsächlich beanspruchte.

Wie auch immer, Ziller schien der ungekrönte König der Schlossbergspiele zu sein.

Fanni konnte nicht aufhören, ihn zu mustern, auch wenn sie ihn damit auf sich aufmerksam machte. Und da war er auch schon, der prüfende Blick seiner Augen, einen Moment lang dunkel und unergründlich, dann wohlwollend, freundlich, ein wenig forschend.

Fanni riss sich davon los und konzentrierte sich auf Steber, der soeben mit scharfer Stimme sagte: »Ich hab die Schnauze voll von dem Kerl. Fast alle von uns haben die Schnauze voll von ihm. Du doch am allermeisten, Cornelia. Hau doch endlich auf den Tisch und mach ihm deutlich, dass wir nicht sein Fußvolk sind.«

Cornelia Wolters zuckte ratlos die Schultern. »Das habe ich doch schon versucht. Aber Oliver weiß genau, dass er uns in der Hand hat. Entweder wir lassen uns seine Starallüren bieten, oder er wirft hin. Dann können wir die Festspielsaison für heuer auf einen Schlag beenden. Er ist nun mal der Einzige, der Knall auf Fall als Räuber Faigl einspringen konnte.« Sie verschnaufte kurz, dann fügte sie niedergeschlagen hinzu: »Wir können von Glück reden, dass die Katzbacher das Stück vergangenes Jahr monatelang geprobt haben, aber dann wegen dem Brand nicht mehr zur Aufführung bringen konnten.«

»Kann er denn einfach hinwerfen?«, fragte Steber ungläubig. »Hast du keine schriftliche Vereinbarung mit ihm?«

Cornelia Wolters' Antwort ging in einem Gekreische und Gejohle unter, das von den Garderoben herüberhallte.

Steber schien sie jedoch gehört zu haben, denn er sagte: »Linhart hat dir also tatsächlich damit gedroht?«

Wieder konnte Fanni nicht verstehen, was Cornelia Wolters darauf sagte, hatte dem Gespräch jedoch entnommen, dass die Laienspielgruppe ihrem Hauptdarsteller Oliver Linhart auf Gedeih und Verderb ausgeliefert war, was der offenbar weidlich ausnutzte.

Als Fanni sich nach ihm umsah, entdeckte sie ihn, von etlichen jungen Mädchen, einigen älteren Frauen und ein paar Männern aus dem Publikum umringt, im Schein der Lampe vor dem Imbissstand. Er schien seinen Bewunderern eine ganze Menge zu sagen haben, und die schienen gar nicht genug von ihm zu bekommen. Offensichtlich hatte er sich nicht die Mühe gemacht, sich abzuschminken und die Kleidung zu wechseln. Er trug noch die Räuberkluft – enge Hosen, Stulpenstiefel, ein weites Hemd mit einer ärmellosen Weste darüber – und schwenkte beim Reden mit der rechten Hand seinen mit einer

Feder garnierten Hut. Die Kostümierung stand ihm prächtig, was der Grund dafür sein mochte, dass er sie nicht abgelegt hatte.

Sie horchte auf, als sie Sprudel sagen hörte: »Ich denke, meine Frau und ich sollten uns verabschieden. Sie haben anscheinend wichtige und vertrauliche Dinge zu besprechen. Nichts für fremde Ohren.«

Cornelia Wolters schien mit Fannis und Sprudels Aufbruch nicht recht einverstanden zu sein, protestierte jedoch nicht. Sie reichte ihnen die Hand und sagte möglichst beiläufig: »Wir sehen uns ja morgen.«

Ziller und Steber murmelten kurze Abschiedsworte, dann nahmen sie ihr Gespräch wieder auf.

»Oliver Linhart ...«, begann Ziller. Aber Fanni bekam nicht mehr mit, wie er fortfuhr, denn Cornelia Wolters zog sie beiseite und raunte in ihr Ohr: »Eremitenkloster. Morgen. Sechzehn Uhr. Bitte.«

Zu diesem Zeitpunkt muss sie schon tot im Wasser gelegen haben, sonst wäre sie gekommen, dachte Fanni.

Sie und Sprudel hatten am folgenden Tag im Kreuzgang eine Zeit lang vergeblich auf Cornelia Wolters gewartet und anschließend eine gute Stunde damit verbracht, die öffentlich zugänglichen Räume des Klosters zu besichtigen.

Sie hatten das Springende Gewölbe bewundert, so genannt, weil sich die Rippen abwechselnd mal auf der linken, mal auf der rechte Seite schnitten; hatten die bemalten Wappensteine studiert, die laut Stadtführer davon kündeten, dass um 1500 herum bayerische Wanderkünstler hier gearbeitet hatten; und hatten lange, sehr lange die Heiligenfiguren betrachtet, die den Verbindungsgang zur Klosterkirche flankieren. Fanni hätte jetzt noch auswendig hersagen können, wer dort auf einem Podestchen stand: Nikolaus, Leonhard, Wolfgang, Florian, Maria Magdalena ...

Als Cornelia Wolters um Viertel vor sechs noch immer nicht gekommen war, hatten Fanni und Sprudel die Kirche betreten, um sich das Kuppelfresko anzusehen.

»Der Augustinerhimmel«, hatte Sprudel leise gesagt.

Fanni hatte wissend genickt, denn auch sie hatte den Stadtführer studiert und die Beschreibung des Kuppelfreskos gelesen. Es stammte aus dem 18. Jahrhundert, war von einem gewissen Johann Josef Waldmann gemalt worden und zeigte – wie der Name bereits vermuten ließ – eine Schar Augustinermönche. Sie segelten dort oben herum, wie der Künstler sie sich wohl im Himmel schwebend vorgestellt hatte. Einige, die zu jener Zeit im Eremitenkloster lebten, waren offenbar authentisch dargestellt.

»Kurz vor sechs«, sagte Sprudel, nachdem sie eine Weile in der Kirche herumgeschlendert waren.

Fanni schlug vor, in den Kreuzgang zurückzukehren, falls Cornelia Wolters dort auf sie wartete. Das taten sie dann auch, fanden jedoch niemanden vor. Stattdessen bekamen sie über Lautsprecher zu hören, dass das Museum um achtzehn Uhr schließen würde. Die Besucher wurden gebeten, sich umgehend zum Ausgang zu begeben.

Etwas ratlos hatten sich Fanni und Sprudel auf den Rückweg ins Hotel gemacht.

»Wir lassen uns an der Rezeption die Telefonnummer heraussuchen und rufen sie an«, hatte Sprudel entschieden.

Fanni war einverstanden gewesen. »Ich habe gestern Abend erwähnt, wo wir abgestiegen sind. Vielleicht hat sie sogar schon an der Rezeption angerufen und eine Nachricht hinterlassen.«

Hatte Cornelia Wolters nicht.

Ihre Telefonnummer war jedoch schnell herausgefunden.

Fanni und Sprudel gingen auf ihr Zimmer, wo Sprudel den Anschluss wählte und gleich darauf verbunden war.

Er stellte sich vor und fragte nach Cornelia. Fanni registrierte, dass er die Verabredung mit keinem Wort erwähnte.

Das Gespräch war nach vierzig Sekunden beendet.

»Sie ist am frühen Nachmittag aus dem Haus gegangen«, berichtete Sprudel, nachdem er aufgelegt hatte, »und hat angekündigt, dass sie erst nach der Abendvorstellung wieder zurück sein würde.« Er legte die Stirn in Falten. »Vielleicht ist sie zu einer wichtigen Besprechung ins Rathaus gerufen worden und hat keine Zeit mehr gehabt, uns zu informieren. Oder irgendein Promi ist unerwartet in Rattenberg eingetroffen, um den sie sich als Kulturbeauftragte kümmern musste.«

Fanni hatte beipflichtend genickt. »Natürlich, sie wird aufgehalten worden sein.«

Daraufhin hatte Sprudel sich in einen der beiden Polstersessel sinken lassen, die vor einem kleinen Glastisch standen, und zum zweiten Mal an diesem Tag – er hatte sich am Morgen bereits damit befasst – die Einträge in dem Notizbuch studiert, das Cornelia Wolters ihm am vergangenen Abend mehr oder weniger aufgedrängt hatte.

»Ich werde nicht schlau daraus«, hatte er nach einiger Zeit gesagt. »Frau Wolters hat nichts anderes getan, als Rattenbergs Sehenswürdigkeiten aufzulisten: Apothekerhaus, Nagelschmiedhäuser, Geburtshaus der heiligen Notburga, ehemaliges Zollhaus, Badhaus … Wozu denn? Die Namen stehen doch alle in dem kleinen Stadtführer, der überall aufliegt.«

»Manchmal steht eine Zahl dabei«, hatte Fanni mit einem Blick über seine Schulter festgestellt.

Woraufhin Sprudel geradezu entrüstet ausschnaufte. »Und was soll die besagen?«

»Vielleicht eine Jahreszahl«, hatte Fanni stirnrunzelnd angemerkt.

Sie hätte beim besten Willen nicht erklären können, warum es ihr widerstrebte, sich näher mit den Einträgen in dem Notizbuch zu beschäftigen. Lag es an einer gewissen Aversion gegen Cornelia Wolters? Sicher nicht. Die Frau war ihr durchaus sympathisch. Auch Neid oder Eifersucht konnten schwerlich im Spiel sein, dafür zeigte Sprudel seine Zuneigung zu Fanni zu verlässlich.

Warum also hätte Fanni das Notizbuch, das Sprudel nun mit neuer Intensität studierte, am liebsten genommen und in den Inn gepfeffert? Warum schien es ihr so bedrohlich wie ein knurrender Hund mit Schaum vorm Maul?

Nichts davon ließ sich beantworten, deshalb gab Fanni sich

Mühe, zu Sprudels laut ausgesprochenen Überlegungen etwas beizutragen, um nicht zu abweisend zu wirken.

»Das Rätselhafteste von allem ist die Skizze auf der letzten Seite«, hatte Sprudel irgendwann gesagt. »Sieht aus wie ein Labyrinth. Zwischen die Linien sind ein paar Anmerkungen gekritzelt.« Er musste das Büchlein um hundertachtzig Grad drehen, um einige entziffern zu können: »›Durchbruch‹, ›verschüttet‹, ›oft überschwemmt‹, ›Einsturzgefahr‹.«

Fanni hatte für einen Moment die Augen schließen müssen, so seltsam war ihr bei Sprudels Worten zumute geworden. Dann hatte sie schweigend zugeschaut, wie er das Büchlein unschlüssig in den Händen wog.

Unvermittelt klappte er es zu. »Ich würde schon gern wissen, was es damit auf sich hat.«

Daraufhin hatte ihn Fanni erstaunt angesehen. »Das kann dir wohl nur die Wolters selbst sagen. Willst du etwa ganz Rattenberg nach ihr absuchen?«

Sprudel hatte einen bezeichnenden Blick auf seine Armbanduhr geworfen. »Das muss ich nicht. Sie wird bald auf dem Schlossberg sein. Sie und der ganze Rest der Truppe. Wenn sie nicht alle schon dort sind.«

Fanni wusste, dass er recht hatte. Spätestens um neunzehn Uhr mussten die Akteure mit den Vorbereitungen für die Veranstaltung beginnen, die genau festgelegt waren: Auf halber Höhe der gepflasterten Zufahrtsstraße zum Schlossberg musste der Tisch für den Kartenverkauf aufgestellt werden, für den Imbissstand waren die Erfrischungen und Snacks herzurichten, die Kulissen mussten inspiziert werden, tausend Handgriffe waren zu tun: Maske, Kostüm, Requisiten … Die Darsteller und ihre Mitarbeiter würden wie Ameisen herumwuseln, in den Garderoben, hinter den Kulissen, in den Zuschauertribünen, auf dem Weg von dort nach da. Und irgendwo dazwischen würde Cornelia Wolters herumgeistern.

Es dürfte allerdings nicht gerade einfach sein, sie zu finden. Sie würden sich durchfragen müssen, von einer Ecke in die andere geschickt werden. Und wenn sie Frau Wolters endlich aufgetrieben hatten, würden sie warten müssen, bis sich eine Gelegenheit ergab, vertraulich mit ihr zu reden.

Was vor der Aufführung schier unmöglich ist, hatte sich Fanni gesagt, und zudem bedeutet, ewig irgendwo herumzustehen – zu Small Talk mit Akteuren und frühen Besuchern verurteilt. Womöglich gab es wieder Diskussionen wegen Oliver Linharts Starallüren. Dessen Auftreten nach der gestrigen Vorstellung hatte ihr nicht den Eindruck vermittelt, als würde er sich von jetzt auf gleich merklich in Bescheidenheit üben wollen.

Doch was, fragte sich Fanni, gingen sie solche Diskussionen an, was die Querelen innerhalb der Theatergruppe? Waren sie und Sprudel nicht hergekommen, um das Alpbachtal zu erwandern? Den Reiz des mittelalterlichen Städtchens Rattenberg zu genießen? Und waren sie nicht auf dem besten Weg dazu gewesen?

Wie konnte ein unscheinbares blaues Notizbuch alles zunichtemachen?

Fanni hatte sich gezwungen, gegen die Schwermut anzukämpfen, die sie einfach nicht loslassen wollte. Warum nicht einen weiteren Abend auf dem Schlossberg verbringen? Wieder mit diesem imponierenden Herrn Ziller zusammenzutreffen. Womöglich würde er versuchen, sie und Sprudel als Förderer der Schlossbergfestspiele zu gewinnen. Warum sich nicht dazu überreden lassen? Die Laienspielgruppe war schließlich auf Sponsoren angewiesen.

Und warum nicht diesem Hauptdarsteller ein wenig auf den Zahn fühlen? Herauskriegen, weshalb er gleichzeitig umschwärmt und verhasst war? Wäre es nicht interessant, mehr über die Kontroversen zwischen ihm und seinen Schauspielerkollegen, allen voran Martin Steber, zu erfahren?

Doch sosehr Fanni sich auch bemühte, den bevorstehenden Abend in lebhaften, freundlichen oder aufregenden Farben zu malen, die Schwärze wollte nicht weichen. Schließlich gab sie auf und gestand sich ein, wie sehr ihr davor graute, auszugehen, Menschen zu treffen, Unterhaltungen zu führen. Ihre Abneigung dagegen nahm von Minute zu Minute zu, sodass sie es einfach nicht über sich brachte, Sprudel zu begleiten.

Mit etwas Diplomatie hätte sie sich wahrscheinlich problemlos aus der Affäre ziehen können. Aber Diplomatie war noch nie ihre Stärke gewesen. Und wenn sie sich so deprimiert und isoliert fühlte, war überhaupt nicht daran zu denken.

Trotzdem, tadelte sie sich jetzt. Trotzdem hätte ich das nicht sagen dürfen.

Kommt die Einsicht nicht ein bisschen spät?

Ja, dachte Fanni. *Zu* spät. Ich hätte wirklich erst überlegen sollen, bevor ich den Mund aufgemacht habe.

Leider waren die Worte schneller heraus gewesen, als ihr Verstand sich der Sache annehmen konnte.

»Geh ohne mich«, hatte sie zu Sprudel gesagt, und unbedacht hatte sie den fatalen Satz ausgesprochen, der ihn verletzte und aus dem Zimmer vertrieb. »Allein bin ich weniger einsam.«

Sprudel war gegangen. Zum Schlossberg. Wohin sonst? Er hoffte ja, Cornelia Wolters dort anzutreffen.

Inzwischen – Fanni schaute auf ihre Armbanduhr, deren Leuchtziffern einundzwanzig Uhr sechsundzwanzig anzeigten – lief die Vorstellung seit einer knappen halben Stunde. Soeben mussten die Musikanten aufgetreten sein und das »Räuberlied« angestimmt haben: »Im Schnellebacher Forste, da geht der Teufel rumbumbum ...«

Und wer spielt heute die Räuberbraut?

Fanni griff sich an die Stirn. Cornelia Wolters, die sie gestern in dieser Rolle gesehen hatten, lag tot im Inn.

Was außer dir und diesem Hofer noch niemand weiß!

Richtig, dachte Fanni. Es hatte demnach keinen Grund gegeben, die Aufführung abzusagen. Mit Ausfällen musste man immer rechnen. Keiner der Darsteller war vor Husten oder Darmgrippe gefeit. Deshalb wäre es geradezu sträflich, auf das Einarbeiten einer Zweitbesetzung zu verzichten.

Ob aber nun Cornelia Wolters' Rolle von einer anderen Darstellerin übernommen oder die Aufführung mangels Räuberbraut abgesagt worden war, als gewiss durfte gelten, dass sämtliche Akteure sowie etliche andere Leute herumrätselten, weshalb sie unentschuldigt fortgeblieben und (sicherlich hatte man versucht, sie zu erreichen) nicht aufzuspüren war.

Sprudel würde Cornelia Wolters' Verschwinden schwer zu denken geben.

Was wird er tun?

Ins Hotel zurückkehren. Was sonst?

Um festzustellen, dass du nicht in Dan Browns »Inferno« versunken unter der Leselampe sitzt!

Fanni schreckte auf, als Hofer sagte: »Um die Tote sehen zu können, müssen Sie hier herunterklettern und auf den Stein da steigen.«

Es dauerte einen Moment, bis ihr klar wurde, dass er mit einem uniformierten Polizisten sprach, der oben auf dem Weg erschienen war, ohne dass sie ihn kommen gehört hatte.

Der Polizist nickte, dann bat er »die Herrschaften«, unten Platz zu machen.

Fanni stand steifbeinig auf und folgte Hofer zum Weg hinauf. Dort war inzwischen ein ganzes Rudel Beamter eingetroffen – einige in Uniform, andere in Zivil.

Hofer und sie wurden von zwei Uniformierten in die Mitte genommen, zu einem Polizeiauto begleitet, mit diesem ins Kommissariat verfrachtet und dort verhört. Zuerst Fanni, dann Hofer, dann wieder Fanni.

In den Verhörpausen versuchte Fanni mehrmals, Sprudel auf seinem Handy zu erreichen, aber offenbar hatte er es ausgeschaltet.

Das war merkwürdig, ungewöhnlich, befremdlich, ja geradezu beängstigend.

Nach dem dritten vergeblichen Versuch begann sie, sich ernsthaft Sorgen zu machen.

Entkrampf dich mal wieder! Es gibt doch eine ganz einfache Erklärung: Sprudel ist zur Vorstellung geblieben, weil er abwarten wollte, ob die Wolters danach noch auftaucht! Und während der Aufführung musste er sein Mobiltelefon natürlich abschalten!

Warum hatte er es nicht auf Vibration umgestellt? Das tat er doch sonst immer, wenn der Klingelton störte.

Er wollte halt nicht belästigt werden! Vor allem nicht von einer zickigen Fanni Rot!

Fanni schluckte. Nahm Sprudel ihr den Rückzieher so übel, dass er beleidigt reagierte?

Verdient hättest du es!

Kann sein, gab Fanni zu. Aber bereits in der Pause sollte sich rumgesprochen haben, was passiert ist. Und das hätte Sprudel trotz seiner Verstimmung dazu bewegen müssen, sich mit mir in Verbindung zu setzen.

Über den Schreck hat er einfach nicht daran gedacht!

Aber warum kommt er noch immer nicht auf den Gedanken, mich anzurufen?

Darauf wusste die Stimme keine Antwort.

Einen Augenblick lang fragte sich Fanni verzweifelt, ob Sprudel sie womöglich sang- und klanglos verlassen hatte.

Doch das würde er niemals tun.

Unter keinen Umständen?

Jedenfalls nicht wegen ein bisschen schlechter Laune und einem dummen, unbedachten Satz.

Offenbar deckten sich die Angaben, die Fanni und Hofer machten, und wiesen auch in sich keine Unstimmigkeiten auf, denn irgendwann sagte man Fanni, sie könne jetzt gehen.

Es war fünf Minuten nach dreiundzwanzig Uhr. Sprudel war noch immer nicht erreichbar und hatte sich auch nicht gemeldet.

Hofer wartete auf dem Flur der Polizeidienststelle auf sie und bestand darauf, sie zum Hotel zu begleiten.

Fanni machte sich nicht die Mühe, ihn davon abzubringen. Wenn er nichts Besseres zu tun hatte, konnte er ja mitkommen. Und wenn er schon mitkommen wollte, konnte er ihr auch erzählen, was der junge Polizeibeamte alles ausgeplaudert hatte, mit dem er auf dem Flur zusammenstand, als sie aus dem Verhörzimmer kam.

Fanni wartete, bis sie in die Südtiroler Straße eingebogen waren, dann fragte sie ihn danach.

Hofer deutete auf das »Kanzler Biener«, das gerade in Sicht kam. »Bereden wir die Sache bei einem Gläschen Wein?«

Fanni machte eine ablehnende Bewegung, doch bevor sie etwas einwenden konnte, sagte Hofer mit einem gewinnenden Lächeln: »Glauben Sie mir, nach all der Aufregung kann uns ein kräftiger Roter nur guttun.«

Das ließ sich schlecht bestreiten. Blieb die Frage, wie sie ihm eine Absage erteilen konnte, ohne ihn vor den Kopf zu stoßen. Denn hatte er sich nicht als guter Kamerad erwiesen, als wertvoller Helfer? Hatte er nicht eine Menge Geduld mit ihr gezeigt und prompt gehandelt, als es nottat? Und was seine Manieren betraf, konnte man überhaupt nichts beanstanden. Was also sprach dagegen, ein Glas Wein mit ihm zu trinken?

Die Sorge um Sprudel.

Die wird nicht geringer, wenn du ins Hotel kommst und ihn dort nicht vorfindest! Er ist sicher noch auf dem Schlossberg, wo so heftig über Cornelias Tod debattiert wird, dass er nicht ans Telefonieren denkt!

Aber woran dachte Sprudel, wenn nicht daran, mit Fanni das Geschehene zu besprechen?

2

Sprudel zermarterte sich das Hirn darüber, wo er sich befinden mochte und wie er hierhergekommen war.

Um ihn herum herrschte völlige Dunkelheit. Wegen der Stille, die darin lastete, wirkte sie bleischwer. Es roch muffig und modrig. Und es war kalt.

Er lag auf dem Rücken. Unter sich fühlte er eine klamme Matratze; dünn, löchrig, vermieft. Als er über den Rand tastete, spürte er ein Stahlrohrgestell.

Er horchte eine Weile in diese undurchdringliche Stille, erkannte, dass er allein war. Allein in einem dunklen, kalten Raum.

Wie war er bloß hierhergekommen?

Was war passiert?

Er hatte nicht die geringste Ahnung. Sein Kopf fühlte sich an, als sei er mit Watte ausgestopft.

Er hob die Hand und wollte sich über die Stirn fahren, zuckte jedoch bei der ersten, noch kaum wahrnehmbaren Berührung zusammen. Der Schmerz schoss ihm vom Scheitel bis in den kleinen Zeh.

Unwillkürlich entwich ihm ein Klagelaut.

Ruhig bleiben. Durchatmen. Einen Notruf absetzen.

Warum hatte er nicht längst sein Mobiltelefon gezückt und eine Notrufnummer gewählt? Er tastete nach seiner Brusttasche, in der es normalerweise steckte, und fand es unversehrt vor. Ein Blick aufs Display zeigte jedoch, dass es nutzlos war.

Kein Netz.

Er verharrte einige Augenblicke, dann tastete er sich vorsichtig an die Stelle oberhalb der linken Schläfe heran, die den Schmerz ausgelöst haben musste, und fand eine veritable Beule.

Er musste hingefallen sein. Oder er war niedergeschlagen worden.

Der Lage nach zu urteilen, in der er sich befand, war es am wahrscheinlichsten, dass man ihn niedergeschlagen hatte.

Aber warum?

Und was war mit Fanni?

Denk nach, denk nach, denk nach, mahnte er sich. Was haben wir als Letztes getan?

Er schloss die Augen, lag ganz still, konzentrierte sich, beschwor Fannis Bild herauf.

Fannis Augen, blau und klug. Fannis nicht mehr ganz junges, aber immer noch schönes Gesicht. Fannis mädchenhafte Figur.

Die Illusion flimmerte ein bisschen, ließ sich nicht richtig scharf stellen, wackelte plötzlich stärker und verschwand, kam aber nach einigen Augenblicken zurück und gewann endlich an Schärfe.

Sie hatten ihre Wandersachen eingepackt und waren ins Alpbachtal gefahren. Hatten in Kramsach ein nettes Hotel gefunden und für drei Nächte gebucht. Hatten einen Berg bestiegen, an dessen Namen Sprudel sich nicht erinnerte und auch gar nicht erinnern wollte. Der war völlig unerheblich. Die bedeutsamere Frage lautete: Was hatten sie dann getan?

Sie hatten eine Theateraufführung auf der Freilichtbühne am Rattenberger Schlossberg besucht und im Anschluss daran mit der Kulturbeauftragten der Stadt gesprochen. Frau Wolters. Sie hatte ihnen ein Notizbuch gegeben und um ein Treffen gebeten. Zu dem sie dann nicht erschienen war.

An ihrer Stelle war der Schatten gekommen.

Sprudel presste beide Hände auf sein hämmerndes Herz. Der Schatten hatte sich über Fanni gelegt wie ein Schleier, hatte ihn nicht mehr an sie herangelassen, sie immer mehr von ihm getrennt, sich fast zu einer Mauer verdichtet. Aber was war die Ursache dafür gewesen? Und was war dann geschehen? Hatte Fanni ihn verlassen?

Unterdrückte Laute entwichen seiner Kehle.

Nur langsam kam er zur Vernunft. Er musste sich zusammennehmen.

Herumjammern hatte überhaupt keinen Sinn.

Er war also offenbar zusammengeschlagen und in das dunkle Loch hier verschleppt worden, wo man ihn vermutlich den

Ratten, dem Hungertod, dem Verrücktwerden überlassen wollte – je nachdem, was ihn zuerst erledigte.

Aber wer wollte ihn aus dem Weg schaffen?

Der Gedanke, dass derjenige wiederkommen könnte, ließ Sprudel scharf einatmen. Erneut zog er sein Mobiltelefon hervor, nur um festzustellen, dass sich nichts geändert hatte.

Kein Netz.

Natürlich. Deshalb hatte man es ihm nicht abgenommen. Und was hatte man ihm sonst noch gelassen? Das Taschentuch und das Portemonnaie in der Hose, den Schlüsselbund in der Jacke, die Uhr ums Handgelenk. Sie tickte, zeigte das heutige Datum an und als Uhrzeit 21:20, was sein konnte oder auch nicht. Es spielte ohnehin keine Rolle.

Er musste endlich etwas unternehmen. Sobald er wieder in Freiheit war, musste er nach Fanni suchen. Musste mit ihr reden. Mit ihrer Hilfe würde er schon herausfinden, was hier gespielt wurde.

Falls Fanni dazu bereit war.

Sprudel sah eine Tür ins Schloss fallen, hinter der Fanni zurückblieb. Ja, so war es gewesen. Er war fortgegangen – allein.

Trotzdem musste er sie finden, und dazu musste er hier weg.

Das Display seines Handys würde ihm ein wenig Licht verschaffen, sodass er einen Fluchtweg auskundschaften konnte.

Als er einen Blick darauf warf, sah er, dass es schwarz geworden war, was nur eines bedeuten konnte.

»Akku leer«, stöhnte Sprudel.

Wann hatte er ihn zuletzt aufgeladen? Zu Hause. Am Abend vor der Abfahrt ins Alpbachtal. Es schien fast eine Ewigkeit her zu sein.

Aber wie sollte er sich in völliger Dunkelheit zurechtfinden?

Eigentlich unmöglich. Doch hatte er eine Wahl?

Blinde benutzen ihren Tastsinn, sagte er sich, ihr Gehör, ihr Gespür. Das funktioniert. Das muss funktionieren.

Entschlossen schwang er die Beine von der Pritsche und richtete sich energisch auf. Ein heftiger Schmerz, der wie ein

Messerstich von seiner Schläfe in alle Richtungen zuckte, ließ ihn ächzend wieder zurücksinken.

Er musste die Sache langsam angehen, besonnen, mit System.

Zögernd ebbte der Schmerz ab.

Sprudel atmete ein paarmal tief durch, dann drückte er sich zentimeterweise in eine sitzende Position.

Kein Stich, kein Weh.

Achtsam stellte er die Beine auf den Boden, kam zum Stehen.

Kaum stand er, wurde ihm schwindelig. Ein Anfall von Verzweiflung drängte ihn, sich einfach wieder auf die Pritsche fallen zu lassen. Aber er kämpfte dagegen an.

Jetzt bloß nicht kleinkriegen lassen. Durchatmen, Muskeln lockern. Keine Panik. Keine Panik. Keine Panik. Sprudel betete die Worte her wie ein Mantra.

Tatsächlich ließ das Schwindelgefühl bald nach.

Er streckte die Hände vor und machte einen Schritt geradeaus, dann noch einen, einen dritten und vierten. Beim fünften stießen seine Finger an kühlen, glatten Stein. Er schwenkte nach links und tastete sich an etwas entlang, das er für eine Felswand hielt. Nach drei Schritten fühlte er eine Ritze. Sie war so schmal, dass kaum sein Fingernagel hineinpasste. Dahinter setzte sich das kühle, glatte Gestein fort. Nach weiteren drei Schritten kam wieder eine Ritze – etwas breiter diesmal –, und nach wiederum drei gelangte er zu einer Ecke. Sprudel machte eine Vierteldrehung und folgte der nächsten der sein Verlies begrenzenden Wände.

Wie zuvor stieß er nach jeweils drei Schritten auf eine Ritze. Er zählte vier Ritzen, bis er abermals eine Ecke erreichte. Demnach war seine Gefängniszelle zwölf Schritte breit. Kleine Schritte, höchstens fünfzig Zentimeter lang, denn er hatte sie umsichtig und behutsam setzen müssen.

Sprudel war Rechnen von klein auf leichtgefallen, doch jetzt auf einmal foppte ihn die Sache. Er lehnte sich ans Gestein und schloss die Augen. Zwölf Schritte, jeder fünfzig Zentimeter lang. Welche Strecke hatte er zurückgelegt? Wie bemaß sich die Länge der Wand? Zwölf mal fünf war sechzig. Sechzig was? Meter? Sechzig Meter war viel. Sechzig Meter war eine Distanz, für die man mehr als zwölf Schritte benötigte.

Er begann gerade darüber nachzudenken, wo der Fehler in seiner Berechnung lag, als ihn ein Rattern zusammenfahren ließ, was umgehend eine neue Schmerzwelle und einen weiteren Schwindelanfall auslöste.

Durchatmen. Entkrampfen. Gleichmäßig atmen.

Mit einem Rums hörte das Rattern auf.

Widerstrebend öffnete er die Augen, erwartete die inzwischen gewohnte Schwärze. Doch die hatte sich verändert. Schien auf einmal weniger dicht.

Blinzelnd schaute er sich um und merkte, dass er Konturen erkennen konnte. Die Pritsche, auf der er gelegen hatte, ein Stück Wand mit einem hellen Viereck in der Mitte.

Statt tiefer Finsternis herrschte unversehens Dämmerlicht.

Als sein Blick schärfer und seine Orientierung besser wurde, ging ihm auf, dass sich die Lichtquelle mitten in dem hellen Viereck an der gegenüberliegenden Wand befinden musste.

Worin bestand sie?

Schwerfällig tappte er hinüber, gelangte in einen schmalen Lichtstreifen, der wie ein Finger über den Fußboden aus rauen Steinblöcken zeigte, folgte ihm zum Ausgangspunkt und entdeckte eine Öffnung.

Er musste sich ein wenig bücken, um hineinschauen zu können.

Darin befand sich ein Tablett, auf dem eine Blechtasse und eine offenbar volle Plastikwasserflasche sowie ein Teller mit Brot und Käse standen. Neben dem Teller lag eine brennende Taschenlampe, die ihren Lichtstrahl über diese Dinge sandte.

Man hatte also doch nicht vor, ihn hier verrotten zu lassen. Sonst hätte man ihm kaum etwas zu essen und zu trinken bereitgestellt.

Aber was war der Plan? Was sollte mit ihm geschehen? Und wo kam auf einmal die brennende Taschenlampe her, woher der Proviant?

Sprudel schickte den Blick auf die Suche nach irgendeiner Botschaft, die man beigelegt haben könnte, durchkämmte den kompletten Hohlraum von Seite zu Seite, von oben nach unten.

Kein Fetzen Papier, kein Stück Karton.

Doch um zu wissen, wie das Tablett mit Lampe und Proviant aus dem Nichts hatte auftauchen können, war nun keine Botschaft mehr nötig, denn Sprudel hatte zwei dicke Seilpaare entdeckt, die senkrecht nach oben führten und leise zitterten. Offenbar hatten sie die Aufgabe, die Stahlplatte, auf der das Tablett stand, hinaufzuziehen oder hinunterzulassen.

Ein Lastenaufzug. Daher das Rattern, das ihn so erschreckt hatte.

Ein Lastenaufzug! Der Weg in die Freiheit?

Dem Durchmesser der Seile nach zu urteilen, war die Maschinerie recht robust.

Sprudel griff nach dem beladenen Tablett, hob es heraus, stellte es am Boden ab. Dann steckte er den Kopf in die Höhlung und schaute nach oben. Erneut packte ihn ein Schwindel, sodass er für einige Sekunden die Augen schließen musste. Als der Anfall halbwegs abgeklungen war, öffnete er sie wieder und sah, was er erwartet hatte.

Der Schacht führte senkrecht hinauf. Wo er mündete, ließ sich nicht erkennen, denn er verlor sich im Dunkel.

Sprudel befühlte die Wände des Aufzugsschachts. Bestand die Möglichkeit, sie hinaufzuklettern? Bereits nach wenigen Sekunden schüttelte er den Kopf. Spiegelglatt und glitschig. Für eine Klettertour denkbar ungeeignet. Allenfalls mit Saugnäpfen an Händen und Füßen machbar.

Er betrachtete die Stahlplatte, auf der das Tablett gestanden hatte. Irgendwann würde sie wieder hochgezogen werden. Und damit bot der Schacht tatsächlich einen Fluchtweg. Falls ein ausgewachsener Mann auf der Unterlage Platz fand.

Sprudel legte beide Hände flach auf die Platte und spreizte die Finger, um ihre Größe besser abschätzen zu können.

»Höchstens fünfzig mal vierzig«, sagte er nach kurzem Überlegen laut. Nie und nimmer groß genug für ihn.

Nicht einmal Fanni konnte sich so klein machen. Der Gedanke wurde von einem qualvollen Stöhnen begleitet. Was war bloß mit ihnen beiden geschehen?

Er starrte in den Aufzugsschacht. Musterte die Seile. Sie waren stark. Stark genug, um ihn zu tragen. Als Kind war er oft an einem Seil hochgeklettert. Konnte er das noch?

Wie schon zuvor nach dem Abtasten der Schachtwände schüttelte er auch jetzt den Kopf.

Undenkbar.

Selbst wenn er heute noch die Kraft und das Geschick dazu besessen hätte, sich an einem der Seile hinaufzuziehen, der enge Schacht würde eine solche Aktion nicht zulassen.

Mutlos wandte er sich von der Öffnung ab, die so vielversprechend schien und doch so nutzlos war.

Es hieß weitersuchen. Suchen, bis der Weg in die Freiheit gefunden war.

Die Taschenlampe würde es ihm erleichtern.

Schließlich musste es einen Zugang zu seinem Verlies geben. Eine Tür, eine Klappe.

Irgendwie war er hierhergekommen, vielleicht kam er ja genauso wieder weg.

Er bückte sich und nahm die Lampe vom Tablett.

Langsam, Meter für Meter, ließ er den Lichtkegel an den Wänden entlanggleiten.

Es dauerte nicht lang, bis er schräg gegenüber dem Lastenaufzug ein mannshohes Rechteck entdeckte, das das fleckige Grau der Steinwand unterbrach.

Der Ausgang.

Eilig durchquerte er den Raum und nährte dabei die eher aussichtslose Hoffnung, er könne einfach hinausspazieren.

Einen Augenblick später verriet ihm der Lichtkegel, was ihn von der Freiheit trennte.

Er stand vor einer wuchtigen Pforte aus dunklem Metall – Eisen, den Roststellen nach zu urteilen. Kreuz und quer verlaufende Bänder aus dem gleichen Material verstärkten Rahmen und Türblatt.

Das Ding war so stabil wie eine Tresortür in Fort Knox.

Aber vielleicht hatte man einfach vergessen, sie zu verriegeln.

Die Klinke ragte aus einem aufgeschraubten quadratischen Gehäuse.

Sprudel drückte sie hinunter. Sie klemmte, gab jedoch nach einigem Rütteln nach, und – Sprudel entwich ein ungläubiger Seufzer der Erleichterung – die Pforte ließ sich öffnen.

Er konnte sie ein Stück weit aufdrücken, dann stieß er an ein Hindernis. Obwohl er sein ganzes Körpergewicht einsetzte, es wegzuschieben, gelang es ihm nicht, den Spalt zu vergrößern.

Als er durchlugte, erkannte er den Grund dafür. Ein dicker, quer liegender Balken blockierte das Aufschwingen der Tür. Offenbar war er links und rechts im Mauerwerk verankert. Er wirkte stabil wie ein Stauwehr.

Sobald er die Klinke losließ, krachte die Tür wieder ins Schloss. Ein Stück von einem der Beschläge brach ab und fiel scheppernd auf den Boden.

Der Weg in die Freiheit war ihm nach wie vor verbaut.

Keuchend stützte Sprudel sich an der Wand ab, schloss die Augen und überließ sich den Schmerzen, die nun wieder durch seinen Kopf wogten, sein Genick hinunterbrandeten, in seinen Rücken schossen.

Er massierte seinen Nacken, als ließen sich die Schmerzen damit wegreiben, ballte die rechte Hand zur Faust und schwor sich, dem Schicksal die Zähne zu zeigen.

»Ich muss hier weg«, sagte er so laut, dass es von den Steinquadern widerhallte. »Schleunigst.«

★★★

Fannis zustimmendes Nicken kam reichlich zögernd, aber Hofer schien es zu genügen. Er fasste sie vorsichtig am Ellbogen und dirigierte sie auf die andere Straßenseite, wo er zielstrebig auf das rosafarbene Gebäude mit dem für Rattenbergs Stadtbild typischen Erker zuhielt. Zwischen den Fensterreihen des

emons: verlag **Tel. 0221-5697-0 · info@emons-verlag.de** · www.emons-verlag.de

Bitte senden Sie mir das aktuelle Verlagsprogramm zu

Ich möchte den Newsletter von emons: **per E-Mail erhalten**

Ich habe Interesse an Krimis aus folgender Region:

Besuchen Sie uns auch auf www.facebook.com/EmonsVerlag

Name

Straße

PLZ/Ort

E-Mail

emons: verlag
Cäcilienstraße 48

50667 Köln

AUFBRUCH IN DIE NEUE WELT

- Ein packender historischer Roman.

- Eine ergreifende Liebesgeschichte und ein Protagonist auf der Suche nach sich selbst.

- Die gefahrvolle Reise eines jungen Pietisten in die so verheißungsvolle wie beängstigende Neue Welt.

LESEPROBE

MEINRAD BRAUN

DIE ABENTEUERLICHE REISE DES PIETER VAN ACKEREN IN DIE NEUE WELT

Roman

emons:

ISBN 978-3-7408-0167-0 · 16,95 € (D)

TOP TITEL

emons:

www.emons-verlag.de
www.facebook.com/EmonsVerlag

ersten und zweiten Stockwerks stand in schwungvoller Schrift »Gasthaus – Café-Bar – Kanzler Biener«.

»Wer hätte bei seiner Enthauptung gedacht, dass er eines Tages mitten in Rattenberg wiederauferstehen würde, der Hofkanzler unserer Claudia von Medici«, sagte Hofer mit leisem Spott.

»Niemand, verhasst, wie er war«, erwiderte Fanni trocken.

Die Tische auf dem breiten gepflasterten Randstreifen neben der Straße waren trotz der späten Stunde noch gut zur Hälfte belegt, was wohl hauptsächlich an der lauen Nacht lag, die dieser heiße Augusttag ausgebrütet hatte.

Hofer wählte einen Ecktisch, und als Fanni sich niederließ – selbstverständlich rückte er ihr den Stuhl zurecht –, fiel ihr Blick auf ein Gebäude schräg gegenüber. Es war im Stadtführer abgebildet und beschrieben gewesen, allerdings wollte ihr im Moment nicht einfallen, welchem Zweck es früher gedient hatte.

Versonnen betrachtete sie das mehrstöckige Bauwerk mit den für Rattenberg charakteristischen kleinen, im Erdgeschoss bogenförmig gestalteten Fenstern, ließ den Blick eine Weile auf dem Wappen über dem Eingangsportal ruhen.

»Das ist der Sitz der Bergwerkverwaltung gewesen, als in der Gegend um Rattenberg noch Kupfer und Silber gefördert wurden«, sagte Hofer.

Er nahm ihr die Jacke ab und hängte sie über die Lehne eines freien Stuhls. Es war noch immer viel zu warm, um sie anzuziehen.

»Zweigelt oder Blauer Portugieser?«, fragte er dann. »Beides nicht zu verachten.«

Fanni teilte ihm mit, dass sie die Wahl ihm überlassen wolle, und fragte sich, woher er wusste, dass sie Rotwein allen anderen alkoholischen Getränken vorzog.

In den Fernsehkrimis trinken die frustrierten Kommissarinnen immer Rotwein!

Fanni gab ein leises Keuchen von sich, als ihr unvermittelt klar wurde, dass Hofer nicht nur ihre Vorliebe für Rotwein kannte. Während der Wartezeit zwischen den Verhören hatte er auf ein Panoramabild der Gipfel gezeigt, die das Alpbachtal einrahmten, und gefragt, welche sie schon bestiegen habe.

Fannis Keuchen entging ihm, weil er gerade den Zweigelt bestellte, der kurz darauf schon serviert wurde.

Hofer hob sein Glas, ließ die tiefrote Flüssigkeit darin kreisen und schaute sinnend hinein. »Manchmal wünscht man sich, die Zeit zurückdrehen zu können.«

»Weil man hofft, ein Verhängnis abwenden zu können?«, fragte Fanni. »Cornelia Wolters' Tod beispielsweise?«

Hofer blickte auf. »Sie glauben nicht, dass sich das Schicksal ins Handwerk pfuschen lässt?«

Fanni zuckte die Schultern und schenkte sich die Antwort. Sie hatte noch nie gern über Metaphysisches diskutiert. Vielleicht war alles vorherbestimmt, vielleicht auch nicht. Was Cornelia Wolters betraf, waren die Würfel jedenfalls gefallen. Die Zeit ließ sich nun mal nicht zurückdrehen. Cornelia Wolters war tot und würde tot bleiben – so oder so. Zu klären wäre allerdings, wie sie umgekommen war.

Hofer respektierte ihr Schweigen, hob sein Glas noch ein Stück und prostete ihr zu.

Fanni griff nach dem ihren, hielt es einen Augenblick in die Höhe und nickte ihm kurz zu, bevor sie trank.

Der Zweigelt schmeckte gut. Gehaltvoll und mineralisch, wie sie ihren Rotwein mochte.

Sie stellte das Glas ab, lehnte sich zurück und musterte den ihr so gut wie Unbekannten, mit dem sie in einer lauen Sommernacht bei einem Glas Wein saß. Und das nur wenige Stunden nachdem sie eine Tote entdeckt hatte, die sie und Sprudel tags zuvor um Hilfe gebeten hatte.

Was für ein gut aussehender, sympathischer Mann!

Absolut, dachte Fanni.

In seiner Gesellschaft kann man sich wohlfühlen!

Wäre da nicht etwas Irritierendes an ihm.

Er wirft dir prüfende Blicke zu, wenn er sich unbeobachtet glaubt!

Es ist mehr als das, dachte Fanni und grübelte eine Weile darüber nach, was es war, kam aber nicht drauf.

Bevor das Schweigen lastend wurde, sagte sie: »Es könnte durchaus ein Unfall gewesen sein.«

Hofer wusste natürlich sofort, wovon sie sprach. »Fremdverschulden, meint die Polizei.«

Und das haben die dem Hofer einfach so auf die Nase gebunden? Gehen die hier hausieren mit ihren Erkenntnissen?

Hofer kann in Rattenberg kein Unbekannter sein, überlegte Fanni.

Auf der Dienststelle hatte ihn der eine oder andere Beamte freundlich gegrüßt, und der junge Polizist, mit dem er sich auf dem Flur unterhalten hatte, schien geradezu familiär mit ihm umzugehen.

Hofer war nicht einfach ein Tourist, der wie sie und Sprudel nur für ein paar Tage oder eine Woche herkam und den Ort samt seinen Bewohnern dann abhakte. Hofer war mehr oder weniger einer von ihnen.

Es soll ja Leute geben, die verbringen über Jahrzehnte jeden Urlaub im selben Kaff, wohnen immer in derselben Unterkunft, treffen sich mit denselben Bekannten, gehen mit denen den immer selben gemeinsamen Hobbys nach! Frag ihn doch, den Hofer, wie oft er schon in Rattenberg gewesen ist!

Fanni hätte nicht erklären können, was sie veranlasste, stattdessen zu sagen: »Sie müssen Cornelia Wolters ganz gut gekannt haben.« Es überraschte sie kein bisschen, dass er nickte. »Ich hatte Sie zuerst für einen Touristen gehalten«, fügte sie daraufhin an.

»Das bin ich auch«, antwortete Hofer mit dem Anflug eines Lächelns. »Einer, der so regelmäßig nach Rattenberg kommt wie das Hochwasser nach der Schneeschmelze.«

Er nahm einen Schluck von seinem Wein und sah Fanni in einer Weise an, als wüsste er, was gleich kommen würde. Das brachte sie so aus dem Konzept, dass sie sich die Frage verkniff, die sie gerade hatte stellen wollen.

Hofer wusste ohnehin Bescheid. »Und jetzt wollen Sie alles über Rattenbergs Kulturbeauftragte erfahren.«

Der Kerl wurde ihr langsam unheimlich.

»Viel kann ich Ihnen allerdings nicht über sie erzählen. Ich kannte Frau Wolters, wie man Leute eben kennt, die im Rampenlicht stehen.« Erneut erschien ein Lächeln. »Eine Metapher, die man bei Cornelia Wolters auch wörtlich nehmen darf.«

»Verheiratet?«, fragte Fanni knapp.

Hofer warf ihr einen schnellen, wachsamen Blick zu, bevor er antwortete: »Verheiratet. Zwei fast erwachsene Kinder. Überall beliebt und geschätzt.« Sein Ton verriet, dass auch er sie schätzte.

Wie gut kennt er sie wirklich? Besser, als er zugibt?

Erstaunlicherweise ließ er sich zu einer ausführlicheren Erläuterung herbei. »Persönlich bin ich nur zwei- oder dreimal mit Cornelia in Kontakt gekommen.« Mit trister Miene brachte er den restlichen Wein in seinem Glas zum Kreisen. »Eine sympathische Frau. Schade, dass sich nie eine Gelegenheit ergab, näher mit ihr bekannt zu wer…« Erschrocken hob er den Kopf. »Verstehen Sie mich bitte nicht falsch. Ich hätte mich nur gern öfter mal mit ihr unterhalten. Sie schien mir klug, humorvoll, aufgeschlossen …«

»Jemand, mit dem zu reden keine Zeitvergeudung ist«, half Fanni aus.

Mit einem nachdrücklichen Nicken stimmte ihr Hofer zu. »Es gibt nicht allzu viele von der Sorte.«

Fanni fragte sich, ob auch sie so von Cornelia Wolters eingenommen gewesen wäre, wenn sie sie unter anderen Umständen kennengelernt hätte.

Indessen sagte Hofer: »Vom Hörensagen weiß ich, dass sie als Kulturbeauftragte der Stadt nicht mit Gold aufzuwiegen war. Engagiert, umsichtig, unbestechlich.«

Unbestechlich! Großer Gott, damit macht man sich garantiert mehr Feinde, als der Gesundheit zuträglich sein kann!

Fremdverschulden, hatte der Polizist zu Hofer gesagt.

Hofer musste ihn danach gefragt haben. Aus reiner Neugier? Oder interessierte er sich aus ganz speziellen Gründen für die Ermittlungsergebnisse der Polizei? Fanni wollte sich gerade erkundigen, wie Cornelia Wolters umgekommen war, ließ es aber dann doch bleiben. Zum einen, weil es nicht schwer zu erraten war: ein Schlag auf den Kopf oder ein harter Würgegriff, dann ein Tritt, der die Verletzte oder bereits Tote in den Inn beförderte. Zum andern, weil es eigentlich keine Rolle spielte. So oder so, Rattenbergs Kulturbeauftragte war einem Mörder zum Opfer gefallen.

Darf man ausschließen, dass du ihm in diesem Moment gegenübersitzt?

Nein, dachte Fanni. Das darf man nicht.

Sie musste versuchen, sich ein genaueres Bild von diesem Hofer zu machen. »Was verschlägt Sie regelmäßig nach Rattenberg? Der Fischreichtum im Inn?«

Hofer schnitt eine Grimasse. »Damit ist es leider nicht weit her.«

Kein Wunder! Die Fische sind in der braunen Brühe vermutlich längst erstickt. Nichts als Schmelzwasser von den Alpengletschern, das Sand, Lehm und Schlick mittransportiert …

»Und Sie? Was hat Sie hierher verschlagen?«

Das war es, was sie so an ihm störte. Er stellte Fragen und erwartete Antworten, während er mit Auskünften über sich selbst auffallend geizte.

Wie du mir, so ich dir, dachte Fanni und antwortete einsilbig: »Wochenendausflug.«

Hofer ließ sich nicht beirren. »Da haben Sie eine sehr gute Wahl getroffen.«

»Finden Sie?« Fannis Ton klang unüberhörbar anzüglich.

Hofer ignorierte die Spitze. »Im Alpbachtal haben Sie alles, was das Herz begehrt: gut markierte Steige auf hohe Berggipfel, erfrischende Seen zum Abkühlen nach der Tour, ein historisches Städtchen als Kulisse beim Abendessen.«

Fanni beschlich das verstörende Gefühl, Hofers Gehirn empfange Informationen auf ebenso direktem wie mysteriösem Weg von dem ihrem. Wie konnte er so genau wissen, was sie und Sprudel bewogen hatte, hierherzukommen?

Kann er nicht! Weiß er nicht! Er hat nur wiedergegeben, was der Tourismusverband predigt!

Was die Gedankenstimme zu vermelden hatte, klang logisch. Trotzdem wuchs Fannis Beunruhigung.

Hofer schien genau über sie im Bilde zu sein, während sie selbst im Dunkeln tappte, was ihn betraf.

Bisher hatte er so gut wie nichts über sich preisgegeben. Dass er pensionierter Beamter war, hatte Fanni zufällig mitbekommen, als die Polizei mit den Befragungen begonnen hatte.

Er hat ausgeplaudert, dass er regelmäßig in Rattenberg Urlaub macht!

Wo er mit einem Angelgerät herumrennt, obwohl es hier keinen nennenswerten Fang zu machen gibt, dachte Fanni. Und ganz zufällig genau da auftaucht, wo Cornelia Wolters' Leiche im Wasser liegt. Hatte er nur so getan, als hätte er die Tote nicht auf den ersten Blick erkannt?

Sie fragte sich, ob das Angelgerät vielleicht nur Maskerade war. Attrappe.

Hofer hatte seine Ausrüstung an den freien Stuhl gelehnt. Fanni beäugte sie kritisch. Aber wie hätte sie feststellen sollen, ob damit jemals ein Fisch gefangen worden war? Allerdings musste sie zugeben, dass die Gerätschaften aussahen, als wären sie seit Jahrzehnten in Gebrauch.

Was natürlich nichts besagte. Er konnte das Zeug ja auf dem Flohmarkt gekauft haben.

Fanni leerte ihr Glas und lehnte ab, als Hofer sie zu einem zweiten einladen wollte.

Er akzeptierte ihr »Danke, wirklich nicht« widerspruchslos, rief den Kellner und verlangte die Rechnung. Kaum hatte er die beglichen, griff er mit einer fast schlafwandlerischen Bewegung nach seinem Angelgerät.

Siehst du? Es begleitet ihn seit Ewigkeiten!

Fanni erhob sich. Passionierter Angler oder nicht, Hofer war definitiv zu undurchsichtig.

★★★

Im Schein der Taschenlampe machte sich Sprudel erneut daran, sein Verlies zu erkunden. Die glatten Wände mit den schmalen

Ritzen, die er im Dunkel abgetastet hatte, wirkten bei Licht noch abweisender und undurchdringlicher. Kein Loch, kein Einschnitt, kein Durchschlupf.

Verzweifelt richtete er den Lichtstrahl an die Decke, die sich als Tonnengewölbe entpuppte. Der Schlussstein im Scheitelpunkt wies die Initialen »J. S.« und eine Jahreszahl auf, die er nicht entziffern konnte.

Ob das Gewölbe wohl einstürzen würde, wenn man den Schlussstein entfernte?

Unbedacht machte er eine ablehnende Bewegung, die ein wenig ruppig ausfiel und ihm eine neue Schmerzwelle bescherte.

Was für ein verrückter Gedanke.

Um den Schlussstein herauszuschlagen, würde man einen Presslufthammer benötigen. Doch selbst wenn ihm ein solches Werkzeug zur Verfügung stünde, wäre es kaum ratsam, es hier unten anzusetzen. Wohin sollte er sich retten, wenn Tonnen von Gestein herunterstürzten?

Vom An-die-Decke-Starren, von der Schmerzattacke und von dem Kraftakt an der Tür war ihm erneut schwindelig geworden. Das graue Gemäuer begann zu kreiseln, drehte sich immer schneller.

Schwankend ging er auf die Pritsche zu, setzte sich und schloss die Augen. Schon fühlte er sich besser, obwohl ihn nun eine bleischwere Müdigkeit überkam, die ihn zum Hinlegen nötigen wollte.

Einzuschlafen konnte er sich jedoch nicht erlauben. Was, wenn er erst nach Stunden wieder aufwachte?

Steh auf, befahl er sich. Steh auf, bevor du im Sitzen wegdämmerst.

Hastig öffnete er die Augen und kam auf die Füße. Dabei stieß er an das Tablett, das er auf dem Boden abgestellt hatte.

Apathisch starrte er eine Weile auf die Dinge, die sich darauf befanden, bis sich ein Gedanke in seinem Kopf Gehör verschaffte.

Was sagte Fanni jeden Morgen zu ihm, während sie sein Wasserglas füllte? »Du musst darauf achten, genug zu trinken.«

Fanni, wo bist du?

Wie in Trance griff Sprudel nach der Flasche, setzte sie an die Lippen. In großen Schlucken trank er sie fast zur Hälfte aus und merkte schon im nächsten Moment, wie gut die Flüssigkeit seinem Körper tat.

Als sein Blick wieder auf den Teller fiel, bekam er unversehens Hunger. Das Brot roch köstlich, der Käse sah appetitlich aus.

Nachdem er alles aufgegessen und das Wasser bis auf einen kleinen Rest ausgetrunken hatte, fühlte er sich fit genug, die Inspektion seines Gefängnisses so lange fortzusetzen, bis er eine Möglichkeit zur Flucht ausgeklügelt hatte.

Er ging systematisch vor, untersuchte den Raum Meter für Meter, Schritt für Schritt. Mittlerweile wusste er wieder, wie die Grundrechnungsarten funktionierten, weshalb er sich ausrechnen konnte, dass sein Verlies eine Größe von etwa achtzehn Quadratmetern hatte. Es lag unterirdisch, keine Frage. Die massiven Felswände, das Deckengewölbe, das Fehlen einer noch so schwachen natürlichen Lichtquelle, der Schacht nach oben, das alles zusammengenommen ließ keinen anderen Schluss zu.

Und damit erschöpfte sich seine Kenntnis des gesamten Raumes.

Was für ein niederschmetterndes Fazit: ein Aufzugsschacht, in dem kaum ein größeres Lebewesen als ein Kaninchen Platz hatte, eine verbarrikadierte Eisentür, Felswände aus massiven Steinquadern.

So genau er die auch musterte, so viel er sie auch betastete und beklopfte, so intensiv er nach Lücken und Breschen suchte, umsonst. Der Bauweise nach zu urteilen, befand er sich im Château d'If.

Frustriert, mutlos und erschlagen ließ Sprudel sich auf die Pritsche sinken, starrte blicklos auf den Lichtfinger, den die Taschenlampe an die Wand malte. Der Finger zeigte zum Aufzugsschacht.

Und wenn er doch versuchte, sich hineinzuquetschen und an den Seilen hochzuklettern?

Unschlüssig stand er auf. Er schwankte ein wenig, musste sich an der Pritsche festhalten und stieß dabei die offene Wasserflasche um, die er dort abgestellt hatte. Der restliche Inhalt ergoss sich auf den Boden, floss auf das Wandstück unterhalb des Aufzugsschachts zu und verschwand augenblicklich.

Seltsam.

Nicht, dass es verwunderlich gewesen wäre, wenn der Boden hier drin ein Gefälle aufwiese. Erstaunlich war jedoch, dass das Wasser an der Wand keine Pfütze gebildet hatte, sondern abgeflossen war.

Hastig bewegte sich Sprudel auf die Stelle zu, an der jetzt nur noch ein feuchter Fleck glänzte. Er richtete den Lichtkegel der Taschenlampe darauf, der dort, wo Wand und Fußboden zusammenstießen, einen breiten Spalt erhellte.

Warum hatte er nicht daran gedacht, den Fußboden genauer zu untersuchen?

Sprudel bückte sich, griff in den Spalt und scharrte mit den Fingern darin herum. Kleine Steine, Sand und Erdbröckchen lösten sich. Peu à peu ließ sich die Öffnung vergrößern.

Gut, sehr gut. Er würde also graben. Erfolgversprechend oder nicht, eine andere Option war nicht verfügbar.

Sinnend starrte er in die kleine Höhlung, die er geschaffen hatte.

Er konnte mit den Händen graben. Obwohl ein bisschen Werkzeug …

Er dachte an die Blechtasse auf dem Tablett und an den Beschlag, der von der Eisenpforte abgebrochen war. Der war zwar stumpf und hatte abgerundete Ecken, aber er war aus Eisen und damit definitiv widerstandfähiger als Fingernägel.

Eilig machte er sich auf die Suche nach dem Beschlag, fand ihn neben der Tür und hob ihn auf. Dann sah er sich nach der Blechtasse um. Als Schöpfkelle würde sie gute Dienste leisten. Die Tasse stand jedoch nicht neben dem Teller auf dem Tablett.

Wo hatte er sie bloß hingetan?

Als er aufgestanden war, um sich den Aufzugsschacht noch

einmal anzusehen, hatte er sie in der Hand gehabt und dann abgestellt. Wo bloß? Im Schacht natürlich.

Er wollte eben hineingreifen, als ihn ein Dröhnen und Rumpeln erschreckte. Die beiden Seilpaare gerieten in Bewegung, die Bodenplatte begann aufwärtszufahren.

Die Tasse, er musste sie haben. Hektisch griff er danach, riss sie an sich, bevor sie auf Nimmerwiedersehen verschwinden konnte.

Dann kniete er sich auf den rauen Steinboden und kratzte mit dem Eisenbeschlag verbackenen Sand und kleine Steinchen aus dem Spalt zwischen Wand und Fundament. Die Bresche vergrößerte sich schnell, weil das Füllmaterial fast von allein herausbröselte. Als sie breit genug war, konnte er die Tasse als Schaufel benutzen.

Stetig wühlte er sich tiefer und tiefer.

Nach mehr als einer Stunde Schuften hatte er einen stattlichen Berg mit Sand und Geröll vermischter Erde neben sich aufgehäuft. Die Aushöhlung, die er geschaffen hatte, wies einen Durchmesser von fast siebzig Zentimetern auf und führte schräg nach unten, was hieß, dass sie unter der Steinwand hindurchführen musste – oder?

Sprudel stand auf, ging ein paar Schritte auf und ab, drückte sich dabei die Fäuste ins Kreuz und bog die Schultern zurück. Er hatte gar nicht gemerkt, wie angespannt er gearbeitet hatte. Für ausgiebige Lockerungsübungen war jedoch keine Zeit.

Er hockte sich wieder vor das Loch und setzte sein Werkzeug an.

Das Graben ging jetzt langsamer vor sich, weil er weit hineingreifen, die Tasse füllen und wieder herausziehen musste.

Gerade als er sich fragte, wie er weitermachen sollte, wenn der Tunnel, den er hier buddelte, länger sein würde als sein Arm (was bald der Fall sein musste), stieß er an etwas Hartes.

War's das? Endete sein Fluchtweg an Felsgestein?

Was auch immer das Weitergraben behinderte, um die Lage beurteilen zu können, würde er es sich ansehen müssen.

Entschlossen klemmte er die Taschenlampe zwischen die Zähne und steckte den Kopf in die Aushöhlung.

Im diffusen Licht erschien eine Ziegelwand.

Er studierte sie eine Weile, wobei er zu dem Schluss kam, dass sie alt und brüchig wirkte.

Mit ein paar kräftigen Schlägen meinte er, einen Durchbruch schaffen zu können.

Als er die Faust dagegenrammte, schlug er sich jedoch die Knöchel blutig. Eines Besseren belehrt, griff er nach der Blechtasse, füllte sie mit Erde, um ihr mehr Gewicht und Stabilität zu verleihen, und donnerte sie gegen die Ziegel.

Es gab einen hohlen Ton, dem von irgendwoher ein Echo folgte. Mehr tat sich nicht.

Sprudel seufzte. Er würde einiges an Kraft aufwenden müssen.

Und Geduld – wie sich nach etlichen weiteren Schlägen herausstellte.

Hämmern, Pause. Hämmern, Pause.

Die Ziegel hafteten fester aneinander als gedacht.

Hämmern, Pause. Hämmern, Pause. Hämmern, Pause.

Es hatte wohl keinen Sinn.

Noch einmal. Ein letztes Mal. Ein allerletztes Mal.

Sprudel schrak zusammen, als sich plötzlich eine Öffnung in der Ziegelwand auftat. Es dauerte einige Augenblicke, bis er begriff, dass der Kampf so gut wie gewonnen war, denn das Loch zu vergrößern sollte eigentlich nicht mehr schwierig sein.

Tatsächlich ging es im Nu. Ein paar scharfe Kanten waren noch zu glätten, dann würde er sich durchschlängeln können.

Sprudel hieb gerade auf eine recht hartnäckige Zacke ein, die den Weg nicht freigeben wollte, als er das Gurgeln hörte.

Bevor er sich schlüssig werden konnte, was es damit auf sich hatte, schoss ein Wasserstrahl aus der Öffnung, die er mit so viel Kraftaufwand geschlagen hatte.

Hastig zog er sich zurück.

Hemd und Jacke waren bereits durchnässt, als er sich aufrichtete. Wasser rauschte und sprudelte, floss über den Boden seines Verlieses, strömte hierhin und dorthin, bildete kleine und große Pfützen. Der Hauptarm aber hielt auf die Eisentür zu, unter der sich offenbar genügend Raum zum Abfließen bot.

Sprudel stieß einen Seufzer der Erleichterung aus. Wenigstens würde er nicht ersaufen.

Kaum hatte er den Gedanken zu Ende gedacht, da begann sich das Wasser an der Tür zu stauen.

3

Den Fußmarsch zum Hotel, in dem Fanni mit Sprudel abgestiegen war, legte sie in Hofers Gesellschaft fast durchweg schweigend zurück.

Ein Gespräch konnte schon deshalb schlecht aufkommen, weil die Wegstrecke volle Aufmerksamkeit verlangte. Auf der Kramsacher Seite des Inn war die Beleuchtung so spärlich, dass man Gefahr lief, gegen ein Hindernis zu rennen, in einen Graben zu fallen oder irgendwo falsch abzubiegen.

Man hätte ja auch ein Taxi nehmen können!

Das wäre mit Sicherheit klüger gewesen, gab Fanni zu. Sie war nur nicht auf die Idee gekommen, weil sie grundsätzlich alles, was zu Fuß machbar war, auch zu Fuß ging.

Als sie den Ortsteil Badl erreichten, gestand sie sich ein, dass es ein Segen war, Hofer als Begleiter zu haben. Sie selbst hatte nämlich nicht die geringste Ahnung, welches der vielen Gässchen, die sich zwischen den Häusern verloren, zu ihrer Unterkunft führte, hätte eins nach dem andern ausprobieren müssen.

Nachdem sie ihm im »Kanzler Biener« den Namen des Hotels genannt hatte, hatte er kundig genickt, und nun schritt er zielsicher voran. Als eine Kirchturmuhr in der Nähe Mitternacht schlug, sah Fanni den hell erleuchteten Hoteleingang vor sich.

Die gesamte obere Etage lag allerdings im Dunkel.

Sprudel ist schon zu Bett gegangen!

Nein, er ist noch nicht zurück!

Richtig, wenn er heimgekommen wäre und gemerkt hätte, dass du nicht da bist, hätte er auf alle Fälle versucht, dich zu erreichen!

Ihr Mobiltelefon hatte sich jedoch standhaft geweigert, den leisesten Ton von sich zu geben.

Hofer hielt ihr die Eingangstür auf und folgte ihr an die Rezeption. Nummer 32 hing einsam am Schlüsselbrett.

Sprudel war tatsächlich noch nicht zurück.

Aus dem Restaurant und der angrenzenden Bar klangen Stimmen zu ihr herüber.

Vielleicht hat er sich ein Gläschen genehmigt!

Fanni warf einen Blick durch die offen stehende Tür und bemerkte festlich dekorierte Tische. Anscheinend hatte eine Feier stattgefunden, die langsam ausklang. Sprudel würde sich wohl kaum unter die Gäste gemischt haben.

Fanni nahm den Schlüssel entgegen, mied Hofers forschenden Blick und reichte ihm die Hand. »Danke, ohne Sie würde ich in Badl herumirren, bis die Sonne aufgeht.« Damit drehte sie sich um und eilte auf die Treppe zu.

Das Hotelzimmer wirkte so verlassen, als wäre es nie bewohnt gewesen.

Warum war Sprudel nicht längst zurück? Warum meldete er sich nicht?

Fanni ließ sich in einen Sessel fallen, drückte die Kurzwahltaste und anschließend die Eins. Ihr Mobiltelefon wählte zum x-ten Mal an diesem Abend Sprudels Nummer an.

»Nicht erreichbar«, teilte ihr die Automatenstimme erneut mit.

Unmöglich.

Die Vorstellung ging allerhöchstens bis elf, er hätte das Handy längst wieder einschalten müssen.

Er hat es halt vergessen! Noch während der Vorstellung – zumindest gleich danach – muss sich herumgesprochen haben, was passiert ist. Die Kulturbeauftragte im Inn ertrunken! Die Nachricht muss auf dem Schlossberg ein wahres Erdbeben ausgelöst haben. Da kann man schon mal was verschusseln!

Fanni hörte nicht mehr hin. Zugegeben, was die Gedankenstimme da vorbrachte, klang logisch, aber derart unkonzentriert zu verfahren sah Sprudel überhaupt nicht ähnlich.

Und was sähe ihm ähnlich?

Auf der Stelle hierherzukommen, dachte Fanni. Die Neuigkeit mit mir zu teilen. Die Angelegenheit mit mir zu besprechen. Dass Cornelia Wolters ausgerechnet an dem Tag getötet wurde, an dem sie uns treffen und anscheinend etwas Brisantes kundtun wollte, ist doch kein Zufall.

Richtig, die Sache stinkt zum Himmel! Und genau das ist der Grund für sein Ausbleiben. Sprudel versucht, im Alleingang an Informationen über die Sache zu kommen. Oder sieht ihm das auch nicht ähnlich?

Fanni starrte ihre beiden Rucksäcke an, die einträchtig unter dem Fenster standen, und dachte: Nein, eigentlich nicht.

Wie auch immer, sie würde sich in Geduld fassen und abwarten müssen.

Geistesabwesend zog sie sich aus und stellte sich unter die Dusche. Die Tür zum Badezimmer ließ sie einen Spaltbreit offen, um Sprudels Rückkehr nicht zu überhören.

Nach dem Duschen putzte sie sich die Zähne, cremte sich das Gesicht ein, föhnte sich die Haare trocken und schlüpfte dann in ein kurzes Nachthemd aus Trikotstoff. Schon seit einiger Zeit trug sie lieber diese Sleepshirt genannten Hemdchen als Pyjamas.

Exakt um ein Uhr sieben war sie fertig zum Zubettgehen.

Von Sprudel keine Spur.

Fanni trat ans Fenster und blickte hinaus. Eine Straßenlaterne erhellte blanken Asphalt, beschien niedrige Büsche am Wegrand und ließ einen pinkfarbenen Papierfetzen aufleuchten, der von irgendwo hergeweht worden war und sich in einer Staude verfangen hatte.

Trübsinnig schloss sie die Augen, legte die Stirn an die Scheibe.

Warum kam er denn nicht zurück? War er immer noch mit anderen Besuchern und den Akteuren auf dem Schlossberg? Um diese Zeit? War die Polizei angerückt, um alle zu verhören? An Ort und Stelle?

Je länger sie darüber nachdachte, desto unwahrscheinlicher schien ihr, dass sich das Geschehen auf dem Schlossberg so lange hinzog.

Und auf einmal war die dunkle Wolke wieder da, die sie am

Abend zuvor so niederträchtig überfallen hatte. Akkurat dort oben auf dem Schlossberg. Im selben Moment, in dem Sprudel das Notizbuch von Cornelia Wolters entgegengenommen hatte.

Fanni stockte der Atem. Hatte Sprudel sich damit in Gefahr gebracht? War Cornelias Mörder auch hinter ihm her? Hatte er ihn sich schon geschnappt? War die Schwärze, die sie umhüllt hatte, eine böse Vorahnung gewesen?

Während all diese Gedanken auf sie einstürmten, hatte Fanni unbewusst die Luft angehalten, die nun zischend aus ihr herausströmte.

Sie musste nach ihm suchen. Musste ihn finden. Vielleicht war es ja noch nicht zu spät. Vielleicht konnte sie ihn noch retten.

Du ganz allein? Und wo willst du überhaupt suchen?

Auf dem Schlossberg.

Mitten in der Nacht? Im Stockdunkel?

Die Gedankenstimme hatte recht. Allein konnte sie nichts ausrichten. Sie dachte an die Polizei und wusste im selben Augenblick, dass es sinnlos war, sie einzuschalten. Man würde keine Suchaktion starten. Zumindest nicht sofort. Bei dem Versuch, Überzeugungsarbeit zu leisten, würde nur kostbare Zeit verstreichen.

Aber genau jetzt musste etwas geschehen.

Sie würde sich ein Taxi rufen lassen und zum Schlossberg fahren. Wenn sie ihn gut dafür bezahlte, würde der Fahrer bestimmt warten, bis sie die Rückfahrt antreten konnte.

Fanni fuhr in ihre Kleider, die sie auf einem Sessel abgelegt hatte, schnappte sich Mobiltelefon und Portemonnaie und hastete die Treppe hinunter, nur um festzustellen, dass die Rezeption nicht mehr besetzt war. Aber auf dem Tresen lag ohnehin, was sie benötigte: ein Flyer des örtlichen Taxiunternehmens.

Fanni zückte das Handy und wählte die angegebene Nummer.

Eine verschlafene Stimme meldete sich.

Fanni brachte ihr Anliegen vor.

»Nachttarif«, brummte die Stimme.

»Was immer Sie wollen«, sagte Fanni.

Eine Viertelstunde später erhellten Scheinwerfer die schmale Straße, in der das Hotel lag.

Der Fahrer blieb im Wagen sitzen, überließ es Fanni, hinten oder vorn einzusteigen.

Sie entschied sich für den Beifahrersitz, wünschte höflich einen Guten Abend, was mit einem Grunzen erwidert wurde.

»Zum Schlossberg, bitte«, sagte sie noch, als ob er es nicht schon wüsste.

Ihr Chauffeur legte den Gang ein.

★★★

Um Sprudel herum blubberte und strudelte es. Nach kurzer Zeit stand er bereits knöcheltief in der Nässe. Er musste gar nicht nachrechnen, um sich darüber im Klaren zu sein, wie hoch das Wasser in einer Stunde stehen würde.

Schulterhoch mindestens.

Na und? Hatte er nicht einen Weg nach draußen gefunden? Wo etwas hereinkam, konnte auch etwas hinaus. Die Bresche in der Ziegelwand und die Aushöhlung davor waren breit genug für ihn. Allerdings würde er gegen das durch die Öffnung hereinflutende Wasser ankämpfen müssen. Die Kraft dieser Gegenströmung war nicht zu unterschätzen. Sie konnte bewirken, dass er stecken blieb. Und wenn das passierte, würde er ertrinken.

Dasselbe Schicksal würde er allerdings auch dann erleiden, wenn er nichts anderes tat, als zuzusehen, wie das Wasser stieg und stieg. Mit Hilfe von außen war ja wohl kaum zu rechnen.

Sprudel schreckte auf, als ein auf dem Wasser treibendes Hölzchen an sein Schienbein stieß. Das Wasser stieg deutlich schneller als befürchtet. Verzagt sah er zu, wie die bräunlich gefärbte Flut in sein Verlies strömte. In weniger als einer halben Stunde stieg der Wasserspiegel um zwanzig Zentimeter bis an die Liegefläche der Pritsche, die sich etwas mehr als einen halben Meter über dem Boden befand.

Wenn er sich draufstellte, würde ihm die lehmige Brühe in etwa einer Stunde in Mund und Nase fließen – falls er bis dahin nicht vor Kälte und Erschöpfung zusammengebrochen war.

Sprudel kletterte hinauf, versuchte, auf der schwammigen Matratze festen Stand zu finden.

Wasser sickerte in seine Schuhe.

Denk nach, befahl er sich. Was kannst du tun?

Es hatte einfach keinen Sinn, hier möglichst lang stehend auszuharren.

Was aber hatte Sinn?

Sprudel schloss die Augen, um sich besser konzentrieren zu können.

Er musste einen Ausweg finden – oder gab es schlichtweg keinen?

Seine Hosenbeine saugten sich voll.

Was konnte er tun?

Unvermittelt riss er die Augen wieder auf, weil ihm auf einmal irgendetwas anders zu sein schien als zuvor.

Er richtete den Strahl der Taschenlampe hektisch hierhin und dorthin, kam aber nicht dahinter, was sich verändert hatte. Erst als er die Augen noch einmal für einen Moment zumachte, fand er es heraus.

Seit einigen Sekunden herrschte Stille. Kein Gurgeln mehr, kein Gluckern, kein Rauschen und kein Brausen. Der See in seinem Verlies lag ruhig da und schlug sachte Wellen, die leise plätscherten.

Der Zustrom von Wasser war versiegt.

Sprudel atmete auf. Gnadenfrist. Bedenkzeit.

Vorsichtig stieg er von der Pritsche, versuchte die tote Ratte, die vorbeitrieb, zu ignorieren.

Das Wasser reichte ihm bis weit über die Knie. Er stakste auf die Öffnung zu, durch die das Wasser in den Raum eingedrungen war, und stellte fest, dass es begonnen hatte abzufließen.

Das war seine Chance.

Der Sog würde ihm helfen, hinauszugelangen. Hinaus in die Freiheit. Hoffentlich.

Er zögerte. Der Sog konnte ihn ebenso gut in irgendein Rohr ziehen, in dem er stecken blieb und ertrank.

Das Risiko musste er allerdings eingehen. Was hatte er für eine Wahl? In diesem Augenblick hieß es: jetzt oder nie.

Bevor Furcht und Kleinmut die Oberhand gewinnen konnten, pumpte er Luft in seine Lungen und tauchte in die Höhlung, die er gegraben hatte.

Einen Augenblick später durchmaß er die Bresche in der Ziegelwand und gelangte in einen waagrechten Schacht, den er, mit nach vorn gestreckten Armen sich windend wie ein Aal, passierte.

Wie lange konnte ein nicht darauf trainierter Mensch die Luft anhalten? Maximal eine Minute, glaubte Sprudel sich zu erinnern.

Obwohl noch keine dreißig Sekunden um sein konnten, überkam ihn bereits ein unwiderstehlicher Drang, aus- und dann heftig einzuatmen.

Halt durch!, redete er sich zu. Halt noch ein kleines bisschen durch. Der Schacht wird sicher bald enden. Er *muss* bald enden.

So war es auch. Der Schacht endete offensichtlich, denn Sprudel stieß an etwas Hartes, das ihn stoppte. Das Wasser strömte über, neben und unter ihm weiter.

Er tastete das Hindernis vor sich ab, fand Felsgestein und ein daraus herausragendes Metallrohr. Das Rohr war so eng, dass kaum seine Hand hineinpasste. Schnell strömendes Wasser saugte an seinen Fingern, als er sie hineinsteckte.

Und damit schien seine Reise in die Freiheit zu Ende.

Schluss.

Der Drang zu atmen wurde übermächtig.

***

»Ab hier ist für den Verkehr gesperrt«, sagte der Taxifahrer und stellte den Motor ab.

Sie befanden sich am Fuß des Schlossbergs. Fanni würde ein schönes Stück zu gehen haben. Zehn bis fünfzehn Minuten, schätzte sie.

»Aber es ist doch mitten in der Nacht«, sagte sie drängend. »Da stört es niemanden, wenn Sie bis nach oben fahren. Und keiner bekommt etwas davon mit.«

Der Taxifahrer grunzte. »Kostet einen Zehner extra.«

Fanni nickte. Wie viel auch immer.

Der Wagen sprang an, holperte eine Weile über Kopfsteinpflaster, wurde erneut abgestellt. »Weiter geht's nicht.«

Das kleine Plateau, auf dem die Zuschauertribüne, das Gebäude, in dem die Garderoben untergebracht waren, und die Bühnenaufbauten wie hohle Zähne aufragten, war in ein fahles Licht getaucht. Fanni registrierte, dass die gespenstische Illumination quasi als Nebeneffekt den Scheinwerfern zu verdanken war, die – von irgendwo gegenüber – die Burgruine oberhalb des Plateaus anstrahlten.

Sie öffnete die Autotür. »Bitte warten Sie hier auf mich.«

»Zuerst das Geld, sonst hauen Sie mir womöglich ab.«

Fanni pflückte einen Zwanziger aus ihrem Portemonnaie und hielt ihn dem Taxifahrer hin. »Den Rest gibt's erst, wenn ich zurück bin. Sonst hauen *Sie* mir womöglich ab.«

Der Mann antwortete mit dem Grunzen, das er offenbar als Informationsübermittlung bevorzugte, lehnte sich im Fahrersitz zurück, verschränkte die Arme vor der Brust und schloss die Augen.

Fanni stieg aus und knallte die Tür hinter sich zu. Der scharfe Laut ließ sie zusammenfahren.

Es ist der kompletteste, verblödetste, aberwitzigste Irrsinn, um diese Zeit hier *nach Sprudel suchen zu wollen!*

Als ob sie das nicht gewusst hätte.

Doch sie konnte nicht anders. Sie musste wenigstens eine Runde um die Tribünen drehen, um sicherzugehen, dass Sprudel nicht irgendwo lag – verletzt, bewusstlos, weiter wagte Fanni nicht zu denken.

Klar, mitten auf dem Weg liegt er, und alle Leute sind mit Scheuklappen an ihm vorübergelaufen! Nur Fanni Rot kann ihn finden, weil sie das magische Auge hat – und einen Riesenhaufen Schrott im Hirn!

Die Gedankenstimme klang so erbittert, als wäre sie nahe daran, Fanni das Bündnis aufzukündigen.

Würde sie tatsächlich den Dienst quittieren? Fanni schauderte, fühlte sich auf einmal stiefmütterlich allein gelassen.

Sie entdeckte Sprudel weder in den Tribünen noch auf einem der Wege, die kreuz und quer über das Plateau verliefen. Er war weder beim Imbissstand noch hinter den Garderoben, wo drei Fichten lange Schatten warfen.

Reicht's dann, oder willst du noch zwischen den Kulissen herumkriechen?

Fanni wollte schon Vernunft walten lassen und zum Taxi zurückkehren, als sie den Lichtschein wahrnahm. Er zeigte sich intensiver als das fahle Abfallprodukt der Scheinwerfer, leuchtete gelborange, bildete ein lang gezogenes Dreieck und fiel aus einer Seitentür des Gebäudes, in dem neben den Garderoben auch die Requisiten untergebracht waren.

Fanni hastete darauf zu.

Besagte Tür stand einen Spaltbreit offen und erlaubte den Blick auf eine eingeschaltete Deckenlampe im Flur dahinter. Fanni öffnete die Tür ganz, trat ein und horchte.

Ein leises Knacken, das aus der Wand zu kommen schien. Ein Tröpfeln und dumpfes Rauschen. Ein Summen, dann ein Klacken, als das Insekt gegen die Glühbirne prallte.

Schritte, die sich von draußen näherten, an der offenen Tür innehielten.

Eine heisere Stimme. »Kommen S' endlich. Was wollen S' eigentlich da? Sind Sie ned ganz sauber? Auf geht's. Ich bring Sie ins Hotel zrück.« All dem folgte ein Grunzen, das Fanni klarmachte, wer ihr gefolgt war.

Sie deutete mit zitternden Fingern auf die Deckenlampe. »Hier ist jemand. Das Licht brennt.«

Der Taxifahrer war in den Flur getreten und drückte in schneller Folge die Klinken der Türen hinunter, die links und rechts abgingen und, wie sich zeigte, ausnahmslos abgeschlossen waren. »Da is keiner, sehen S'. Der Letzte, der gegangen is, hat halt vergessen, das Ganglicht auszumachen.« Er drückte auf den Schalter, sodass Fanni auf einmal im Dunkeln stand. Im nächsten Augenblick spürte sie einen festen Griff um ihren Oberarm, dem sie sich nicht entziehen konnte. »Und wir zwei gehn jetzt auch.«

***

Sprudel riss den rechten Arm zurück, um die Hand auf Mund und Nase zu pressen, was – wie er recht gut wusste – den Atemreflex nicht mehr unterdrücken konnte.

Einzig und allein damit befasst, schnellstens an lebenserhaltenden Sauerstoff zu kommen, versäumte sein Verstand zu registrieren, dass der schmale Schacht die Ellenbogenfreiheit, die er auf einmal hatte, nicht hätte zulassen dürfen.

Sein Unterbewusstsein war schlauer. Es nötigte ihn, den Kopf zu heben und ein wenig zur Seite zu drehen. Gleichzeitig öffnete sich sein Mund, stieß die verbrauchte Luft aus und saugte ein, was zu haben war.

Erstaunlicherweise strömte kein Wasser in seine Lungen. Was er einatmete, roch modrig und war feucht, aber es war eindeutig Luft.

Keuchend robbte er um die Biegung, die der Schacht hier offenbar machte, während das Wasser geradeaus weiter in das Rohr strömte, und gelangte auf trockenen Grund. Dort stützte er sich mit beiden Händen ab und richtete sich auf.

Nachdem er die Nässe aus seinen Augen gerieben hatte, stellte er fest, dass seine Umgebung in diffuses Licht getaucht war und der Schacht, durch den er gekommen war, sich hier verbreiterte und mäßig geneigt schräg nach oben führte. Der Lichtschein nährte die Hoffnung, am Ende könne die Freiheit winken.

Erst als Sprudel langsam weiterkroch, merkte er, wie geräumig der Schacht nun war. Er schätzte ihn fast einen Meter breit und etwa achtzig Zentimeter hoch und befand, dass er nun den Namen Tunnel verdiente. Schließlich bot er genug Platz, um einen ausgewachsenen Mann locker hindurchkriechen zu lassen.

Gab es doch noch ein Entrinnen?

Obwohl er keine Zeit zu verlieren hatte, entschied Sprudel, dass er sich eine kleine Pause verdient hatte, und blieb an die Tunnelwand gelehnt erschöpft hocken. Sein Hals fühlte sich wund an, Übelkeit krampfte seinen Magen zusammen.

Würde er noch die Kraft aufbringen, sich weiterzubewegen?

Irgendwann raffte er sich dazu auf.

Er arbeitete sich auf Händen und Knien durch den Tunnel und verdrängte hartnäckig den Gedanken, der unterirdische Gang, den er da entdeckt hatte, könne an einem Gitter enden, in einem Kamin münden oder sonst irgendwohin führen, von wo es kein Weiter gab.

Vorerst führte der Tunnel geradeaus und stieg nach wie vor nur mäßig an. Trotzdem kam Sprudel schnell aus der Puste. Sich kriechend fortzubewegen war anstrengender als angenommen. Oder lag seine Kurzatmigkeit etwa an der Luftzusammensetzung? Enthielt das, was er da einatmete, zu wenig Sauerstoff, dafür aber irgendwelche giftigen Gase? Als er daran dachte, welche dafür in Frage kämen – Methan, Stickstoff, Kohlenmonoxid –, musste er erneut haltmachen.

Während er halb kniend, halb sitzend um Atem rang, vergegenwärtigte er sich, dass Methan und Konsorten Grubengase waren, die man zwar tief unten in Erz- und Kohlebergwerken fürchten musste, aber doch nicht hier, wo er sich befand.

Dieser Gedanke führte zu der Frage: Wo befand er sich eigentlich?

Er blickte sich suchend um, als erwartete er, an den Felswänden Wegweiser zu finden. Dabei fiel ihm auf, dass die Konturen einzelner Steinbrocken jetzt deutlicher hervortraten, als es am Eingang des Tunnels der Fall gewesen war.

Bedeutete das womöglich, dass die Lichtquelle nicht mehr weit entfernt sein konnte?

Eilig begann er wieder vorwärtszukriechen.

Es wurde zusehends heller.

Gleich würde sich der Gang verbreitern und – bestenfalls – ins Freie münden.

Sprudel hob den Blick von seinen sich vorwärtstastenden Händen, schaute nach vorn und musste entsetzt erkennen, dass ihm der Weiterweg in wenigen Metern durch einen Felsblock versperrt sein würde.

Stöhnend hielt er inne.

Schluss, aus. Alles war umsonst gewesen. Genau hier an dieser Stelle würde sein Grab sein. Fanni würde er niemals wiedersehen.

Er hockte sich hin und starrte blicklos auf den grau gesprenkelten Stein vor sich.

Er würde sie nicht wiedersehen und nie erfahren, was mit ihr geschehen war. Was überhaupt geschehen war. Warum eine Tür ins Schloss gefallen war und ihn von ihr trennte.

In der Mitte hatte der Stein vor Sprudel eine kleine Erhebung, die ins Bläuliche changierte und wie ein kleines viereckiges Päckchen wirkte, das jemand drangeklebt hatte.

Sprudels Blick sog sich intensiv an diesem Viereck fest, bis es sich in das kleine blaue Notizbuch verwandelte, das er von Cornelia Wolters entgegengenommen und später vergeblich studiert hatte. Wo war es geblieben? Er hatte es am frühen Abend in seine Umhängetasche gesteckt, weil er es Cornelia Wolters zurückgeben wollte. Befand es sich noch dort? Und lag die Tasche noch da, wo er sie hingetan hatte? Auf einem Sitzplatz in der Zuschauertribüne?

Beängstigend deutlich ging ihm auf, dass dieses Büchlein die Ursache dafür sein musste, dass man ihn verschleppt und weggesperrt hatte – und dass Fanni ihm den Eindruck vermittelte, sie würde sich immer dichter in einen Kokon einspinnen.

Ja, so musste alles zusammenhängen: Fannis Unterbewusstsein hatte Gefahr gewittert und mit Abwehr reagiert. Er aber war in die Falle getappt.

4

Fanni wälzte sich von einer Seite auf die andere, schaute auf die Uhr, ging pinkeln, sah aus dem Fenster, von dem sie die Vorhänge zurückgezogen hatte; sehnte einen, wenn auch noch so albernen Kommentar der Gedankenstimme herbei, der nicht kam; holte sich etwas zu trinken, ging pinkeln, sah aus dem Fenster, wälzte sich wieder im Bett herum.

Um sechs Uhr morgens nickte sie für eine Weile ein.

Um sieben stand sie auf und begann mechanisch mit der Morgentoilette.

Um halb acht betrat sie den Frühstücksraum im Erdgeschoss, um eine Tasse Kaffee zu trinken und eine Entscheidung zu treffen.

An einem runden Tisch an der Fensterfront saß Hofer.

Er erhob sich, als er sie hereinkommen sah, rückte einen Stuhl zurecht und machte eine einladende Geste.

Fanni ging zu seinem Tisch, blieb jedoch davor stehen. »Sie wohnen hier?«

Er nickte. »Haben Sie das nicht mitbekommen?«

Sie runzelte die Stirn. »Seit wann?«

Statt einer Antwort deutete er auf den Stuhl. »Bitte.«

Wetten, dass er erst vor ein paar Minuten eingecheckt hat!

Fanni unterdrückte ein Schnauben. Nicht einmal mit Falschgeld hätte sie dagegenhalten wollen.

»Bitte setzen Sie sich zu mir«, sagte Hofer ausgesucht freundlich, dennoch glaubte Fanni einen Anflug von Gereiztheit in seinem Ton zu hören.

Verunsichert ließ sie sich auf die gepolsterte Sitzfläche fallen.

Hofer nahm ebenfalls wieder Platz und blickte sich suchend um. »Ich dachte … Haben Sie nicht gestern gesagt, Sie sind mit Ihrem Mann hier?«

Fanni biss sich auf die Unterlippe. Was ging es diese Klette an, dass Sprudel abgängig war?

Aber die Klette ließ nicht locker. »Ist er ein Langschläfer?«

»Er frühstückt heute nicht«, vermeldete Fanni kurz angebunden.

Hofer sah sie erstaunt an. »Ist er krank geworden?«

Fanni starrte bockig auf ihr unbenutztes Gedeck.

»Was darf ich Ihnen bringen? Tee? Kaffee?« Die Stimme, die sie aus ihren Gedanken riss, gehörte einer adrett in Schwarz-Weiß gekleideten jungen Frau, die Fanni lächelnd ansah.

Eine Frage, die du eventuell beantworten könntest!

Nachdem Fanni bestellt hatte, herrschte Schweigen am Tisch, bis Hofer in fast eisigem Ton sagte: »Er ist gar nicht krank.«

Fanni entwich ein Seufzer. Auf einmal brachte sie nicht mehr die Kraft auf, sich ihm zu widersetzen. Sie wischte sich die Augen, schluckte und gestand dann: »Sprudel ist gestern Nachmittag gegen fünf fortgegangen und seither nicht mehr aufgetaucht.«

Hofer sah sie einige Augenblicke ungläubig an, dann fragte er: »Und Sie haben seitdem nichts mehr von ihm gehört?«

Fanni schenkte sich die Antwort.

»Haben Sie denn versucht, ihn anzurufen?«, insistierte Hofer.

»Mehrmals. Und ich habe mich in der Nacht noch auf dem Schlossberg nach ihm umgesehen.«

»Auf dem Schlossberg«, echote Hofer.

Statt einer Antwort rührte Fanni in ihrem Kaffee.

Wolltest du nicht irgendwelche Entscheidungen treffen? Eine ist definitiv jetzt fällig! Du kannst Hofer − auch wenn er dir undurchsichtig erscheint − ins Vertrauen ziehen oder ihn in aller Deutlichkeit abblitzen lassen! EINE ZWISCHENLÖSUNG GIBT ES NICHT!

Fanni seufzte verhalten. Die Gedankenstimme hatte sich nicht völlig zurückgezogen, und irgendwie war sie ihr dankbar dafür. Außerdem hatte sie wieder einmal völlig recht.

Aber Hofer, überlegte Fanni, ist keine Option. Ich muss zur

Polizei. Auf der Stelle. Hofer lasse ich ohne weitere Erklärung bei seinem Rührei zurück.

Der räusperte sich. »Sie vermuten eine Verbindung zwischen dem Mord an Cornelia Wolters und dem Verschwinden Ihres Mannes.«

War der Kerl Gedankenleser? »Sie hat ihm ein Notizbuch zugesteckt und wollte sich gestern Nachmittag mit uns treffen.«

Hofers Augen weiteten sich. Er setzte zu einer Erwiderung an, unterbrach sich jedoch, weil ihm von der jungen Frau in Schwarz-Weiß Tee nachgeschenkt wurde.

Letztendlich sagte er nur: »Aber sie konnte nicht, weil sie schon tot war.«

Fanni rührte wieder schweigend in ihrem Kaffee, was völlig unnötig war, weil sie ja keinen Zucker hineingetan hatte.

»Haben Sie der Polizei von dem Notizbuch erzählt?«, fragte Hofer.

Fanni schüttelte den Kopf, woraufhin er nickte.

»Da dachten Sie noch nicht an ein Verschwinden und haben deshalb keine Verbindung zu Cornelia Wolters hergestellt.«

Fanni schwieg, trank einen Schluck von ihrem Kaffee und betrachtete die Brotscheibe auf ihrem Teller, die sie mit Käse belegt hatte, konnte sich jedoch nicht überwinden, einen Bissen davon zu nehmen.

Sie aß kaum was, die Fanni Rot, deswegen ist sie jetzt mausetot!

Kurz zuvor noch hatte sie die Gedankenstimme willkommen geheißen, nun wünschte sie sie wieder zur Hölle.

»Wenn Spru…«, begann Hofer, verbesserte sich jedoch rasch. »Wenn Ihr Mann wegen dieses ominösen Notizbuchs verschwunden ist, sollten wir uns beeilen, ihn zu finden.«

Wir?

»Ich werde zur Polizei gehen«, sagte Fanni.

Hofer besann sich ein paar Sekunden. »Das müssen Sie unbedingt. Aber Sie sollten konkrete Hinweise haben, die Sie dort vorlegen können. Sonst, fürchte ich, wird man nicht viel unternehmen.«

Fanni biss von ihrem Brot ab, um Zeit zu gewinnen. Sollte

sie Hofers Angebot, das er mit jenem »Wir« deutlich genug ausgedrückt hatte, annehmen? Oder sollte sie ihm klipp und klar sagen, dass sie seine Hilfe ablehne, sich seine Einmischung verbitte, sie als Belästigung empfinde …

Er war eine Klette, bis er lag am Totenbette!

Diese Grabsprüche bringen mich ins Grab.

Netter Kalauer!

Was aber sollte sie tun, wenn er sie danach bereitwillig gehen ließ? Was würde sie ohne diesen Angler aus dem Bayerischen Wald angefangen, der genau zu wissen schien, worauf es ankam?

Polizei! Schon vergessen?

Natürlich nicht. Aber Hofer hatte recht. Die Polizei würde nicht viel unternehmen. Schlimmstenfalls würde man ihre Aussage für das Hirngespinst einer alten Schachtel halten und sich darüber lustig machen. Bestenfalls würde man – ja was? Auf alle Fälle würde man sie schleunigst loswerden wollen.

Dann wäre sie ganz auf sich gestellt, wäre allein mit ihrer Angst um Sprudel und mit dem dringenden Bedürfnis, alle Register zu ziehen, um ihn zu finden.

Welche Register?

Eben. Sie hatte nicht die geringste Ahnung, wie sie vorgehen könnte.

Als sie sich dies alles vor Augen geführt hatte, fasste sie ihren Entschluss.

»Cornelia Wolters hat sich wegen irgendetwas Sorgen gemacht und Sie beide um Hilfe gebeten«, resümierte Hofer, nachdem Fanni die Geschehnisse der beiden vergangenen Tage im Zusammenhang berichtet und erklärt hatte, weshalb Sprudel am Abend zum Schlossberg gegangen war. Er holte tief Luft. »Kaum mehr als zwölf Stunden später liegt sie tot im Inn. Und Ihr Mann ist noch immer nicht vom Schlossberg zurück.« Hofer warf einen bezeichnenden Blick auf Fannis Teller. »Essen Sie Ihr Frühstück auf. Wir haben es eilig.«

Gehorsam biss Fanni ein winziges Stück von ihrem Brot ab. Während sie kaute und sich redlich bemühte, das Gekaute zu schlucken, sprach Hofer weiter: »Ihr Mann wollte also zum

Schlossberg, weil er logischerweise davon ausging, er würde Frau Wolters da antreffen. Einleuchtend, nachdem das Treffen am Nachmittag geplatzt war. Fragt sich als Erstes, ob er dort auch angekommen ist.« Er betrachtete das kaum angebissene Brot auf Fannis Teller und hob tadelnd die Brauen. »Wir sollten herausfinden, ob ihn jemand gesehen hat. Das heißt, wir fragen ...«

Fanni schluckte den Bissen. »... die Darsteller, die Frau an der Kasse, die Mädchen am Imbissstand ...«

Hofer nickte. »Richtig, das sind die Leute, die wir fragen müssen. Aber wo finden wir sie«, er schaute auf seine Armbanduhr, »um acht in der Früh?«

»Arbeit, Bett, Frühsport, Brötchen holen«, nuschelte Fanni mit einem Stück Rinde in der rechten Backe.

»Eben.«

Fanni tat sich Gewalt an und schluckte hastig. »Die Lahme Babett könnten wir in der Stadtbücherei antreffen. Sprudel und ich haben uns nach der Vorstellung kurz mit ihr unterhalten. Sie hat uns erzählt, dass sie da angestellt ist.«

Hofer brauchte einen Moment, bis er begriff. »Sie meinen Emmi Schwan, die im Stück die Mutter vom Räuber Faigl spielt. Stimmt, sie arbeitet in der Stadtbücherei.«

Scheint ja hier bestens Bescheid zu wissen, der rührige Herr Hofer!

Er schob seinen Stuhl zurück und nickte zu dem Brot auf Fannis Teller hinüber. »Mehr geht wohl nicht, oder?« Auf Fannis bedauernde Geste hin erhob er sich. »Dann nichts wie los.«

Fanni blieb sitzen und sah zu ihm auf. »Warum machen Sie das?«

»Was?«

»Sich einmischen?«

Hofer holte so tief Luft, als müsste er ein offizielles Statement abgeben, doch dann sagte er bloß: »Sie werden schon noch dahinterkommen.«

Zu Lebzeiten er in Rätseln parlierte, was zu einem frühen Tode führte!

Fanni stieß einen bleischweren Seufzer aus. Wie bodenlos konnte man eigentlich im Dreck landen? Sprudel abgängig;

Hofer, dieser undurchsichtige Bayerwäldler, der nichts über sich preisgab und sich damit von Minute zu Minute verdächtiger machte, allzeit gegenwärtig; und eine abartige Gedankenstimme, die sich darin gefiel, irrsinnige Grabsprüche zum Besten zu geben.

»Wir treffen uns in fünf Minuten vor dem Eingang«, sagte Hofer diktatorisch, dann eilte er hinaus.

★★★

Man hatte ihn also verschleppt, um an Cornelia Wolters' Aufzeichnungen zu gelangen. Um herauszufinden, was er wusste und ob er mit jemandem darüber gesprochen hatte. Mit Fanni zum Beispiel. War auch sie entführt und in ein Verlies gesteckt worden?

Tränen traten in Sprudels Augen. Als er sie wegblinzelte, entstanden bunte Schlieren wie bei einem Regenbogen.

Wassertropfen, die das Sonnenlicht brechen. Der Gedanke setzte sich irgendwie fest. Wassertropfen, die das Sonnenlicht brechen.

Plötzlich ging ein Ruck durch seinen Körper. Licht. Die Stelle, an der der Steinblock ihm den Weiterweg versperrte, war in Sonnenlicht getaucht.

Er hob den Kopf, blickte nach oben und erkannte, dass die Tunneldecke ein Stück vor ihm, etwa dreißig Zentimeter vor dem Felsblock, endete. Als er – mehr instinktiv als bewusst – einen Satz in die Richtung machte, landete er etwa dreißig Zentimeter tiefer in einem Kellerschacht, der in den Felsen gehauen worden war. Über ihm, wo das Licht in den Schacht fiel, saß ein Gitter. Er sah sich kurz um, entdeckte ein schmutzverkrustetes Fenster, das zu dem dahinterliegenden Keller gehören musste. Es bestand aus mehreren kleinen Scheiben zwischen Eisenstreben. Aus- und einbruchsicher.

Sprudel hatte ohnehin kein Verlangen danach, sich in einen Kellerraum zu begeben. Er wollte raus aus diesen unterirdischen Gängen und Gewölben. Hinaus ins Freie.

Mühsam kam er auf die Beine. Als er stand, musste er den Kopf einziehen, um sich nicht an dem Gitter über ihm zu stoßen.

Es sitzt wenigstens nicht unerreichbar weit oben, dachte er.

Er holte Luft, hob die Arme und drückte mit aller Kraft dagegen.

Es bewegte sich kein bisschen.

Falls es einzementiert war, konnte er tagelang dagegen andrücken ohne die geringste Aussicht, es zu lockern.

Sprudel verbot sich, solche Gedanken erstarken zu lassen. Befürchtungen würden ihm alle Energie rauben.

Er lockerte die Arme, achtete darauf, ruhig zu atmen, sammelte seine Reserven und versuchte es erneut.

Fester. Eine letzte Anstrengung noch.

Seine Arme begannen zu zittern.

Als er schon aufgeben wollte, löste sich das Gitter mit einem Schmatzen.

Er schaffte es noch, ihm einen kleinen Stoß zu versetzen, sodass es ein Stück zur Seite rutschte, dann musste er sich an die Felswand lehnen und verschnaufen.

Die Gewissheit, bald frei zu sein, gab ihm Auftrieb. Schon nach wenigen Augenblicken stand er wieder unter der Ausstiegsluke und griff nach dem Gitter. Vorsichtig schob er es Zentimeter für Zentimeter zur Seite. Ab und zu blieb es irgendwo hängen, dann musste er ein wenig daran rütteln, damit es sich weiterbewegte. Als die Luke komplett frei war, reckte er sich und streckte den Kopf hinaus.

Es gab nicht viel zu sehen. Graues Pflaster mit ein paar Grasbüscheln in den Ritzen, graue Wände, zwei winzige vergitterte Fenster. Nichts, was ihm Freudenschreie hätte entlocken können.

Das beachtliche Quadrat blauer Himmel über ihm zauberte allerdings ein kleines Lächeln in sein Gesicht.

Entschlossen umklammerte er den Rand des Kellerschachts mit beiden Händen und zog sich hoch, was sich als nicht allzu schwierig erwies, weil er mit den Fußspitzen an der Felswand recht gut Halt fand. Als er sich in den Stütz gearbeitet hatte, lehnte er den Oberkörper nach vorn, griff weit aus und zog sich über den unebenen Boden, bis auch die Beine im Freien waren.

Eine halbe Minute lang lag er bäuchlings auf dem buckligen Pflaster, dann richtete er sich ächzend auf, kam auf die Knie und schließlich auf die Füße.

Als Sprudel sich erhob, hinterließ er nasse Flecken auf den Steinen. Aus seinen Jackenärmeln und von den Hosenaufschlägen tropfte es sogar noch hin und wieder; sein Hemdkragen hatte sich am Hals festgesaugt wie ein Leinölwickel.

Trotz der Hitze, die in dem ummauerten Hof herrschte, fröstelte er. Nässe und Kälte mussten ihm bereits in den Knochen stecken.

Wenn er sein durchweichtes Zeug nicht bald loswurde, lief er Gefahr, sich eine ausgewachsene Erkältung, wenn nicht gar eine Lungenentzündung zu holen.

Trübselig sah er an sich hinunter. Die Hose sah aus, als hätte sie wochenlang in einem Schlammloch gelegen. Aber er konnte sie unmöglich ausziehen und seinen Weg in Unterhosen fortsetzen. Zumindest jedoch konnte er das Jackett ablegen. Dann würde auch das Hemd schneller trocknen.

Während er sich herausschälte – was gar nicht so einfach war, weil der feuchte Stoff eigene Pläne verfolgte –, schweifte sein Blick über den Hof, in den er gelangt war. Dem ersten Eindruck ließ sich nicht viel Neues hinzufügen.

Die Steinmauern rundherum ragten hoch auf, gaben sich mitleidslos und schroff. Die Gitterstäbe vor den ebenerdig gelegenen winzigen Fenstern wirkten solide. Aber selbst wenn sie lose davorgelegen hätten, hätte ihm das nichts genutzt. Durch diese kleinen Luken einzudringen wäre allenfalls einem Sechsjährigen gelungen.

Weiter oben, wo sich das nächste Stockwerk befinden musste, gab es eine Reihe unvergitterter Fenster. Eines davon stand sogar offen.

Mit einer Leiter hätte er es erreichen können.

»Aber wo eine hernehmen?«, sagte er laut und erschrak, weil ein Echo von den Wänden widerhallte.

Der Nachhall machte ihm bewusst, dass er sich nach wie vor hinter Mauern befand.

War er seinem unterirdischen Verlies unter Strapazen entronnen, um erneut eingesperrt zu sein?

Lass dich jetzt nicht hängen, befahl er sich. Deine Lage hat sich um hundert Prozent verbessert. Du wirst den Weg hinaus schon finden.

Zielbewusst machte er sich auf die Suche nach einem Durchschlupf.

Die kleine graue Stahlpforte in der hinteren Ecke hätte er beinahe übersehen. Sie hob sich kaum vom Felsgestein ab und wurde zudem von den Zweigen eines vertrockneten Strauches fast verdeckt.

Sprudel machte überrascht »Hoi«, als er sah, dass sie einen Spalt offen stand. Rasch schob er sie weit genug auf, um hindurchschlüpfen zu können.

Ein enger Gang, durch das von draußen einfallende Licht schwach erhellt, führte zu einer schmalen Holztreppe. Die Stufen knarzten erbärmlich, als er sie hinaufstieg.

Oben stieß er an eine geschlossene Tür. Wieder einmal. Mit klopfendem Herzen drückte er auf die Klinke.

Ein zweites »Hoi« begleitete das Quietschen der Türangeln.

★★★

Die Stadtbücherei von Rattenberg befand sich in einem Seitenflügel des Augustiner-Eremitenklosters, das an der Hassauerstraße direkt gegenüber der Spitalskirche lag. Als Fanni zusammen mit Hofer den Innenhof durchquerte, durch den man den Eingang erreichte, fiel ihr ein, dass heute Samstag war.

Da war der Weg wohl umsonst gewesen. Am Wochenende hatten öffentliche Büchereien sicherlich geschlossen.

Erstaunt stellte sie fest, dass das Portal zum Seitenflügel weit geöffnet war.

Hofer schritt forsch hindurch.

Fanni folgte ihm ein wenig zögernd, rechnete damit, von einem grantigen Hausmeister gleich wieder hinausgescheucht zu werden.

In dem Vorraum, den sie betraten, war es leer und still und sehr kühl. Die Wände bestanden aus Steinquadern, darüber spannte sich ein hohes Gewölbe.

Wie in einer Kirche, dachte Fanni.

Wie in einer Gruft!, verlautbarte die Gedankenstimme.

Rechts zweigte ein schmaler Flur ab. Ein Hinweisschild machte darauf aufmerksam, dass er zu den Räumen des Standesamtes führte. Links befand sich eine Glastür, durch deren Scheibe man mehrere Reihen Bücherregale erkennen konnte.

Hofer drückte bereits auf die Klinke.

Abgeschlossen.

Wie zu erwarten gewesen war.

Fanni machte einen Schritt auf Hofer zu und tippte mit dem Zeigefinger auf einen Aushang. Neben einigen Veranstaltungsterminen waren darauf auch die Öffnungszeiten der Bücherei verzeichnet.

Hofer warf einen Blick darauf, nickte, blieb jedoch stehen und spähte durch die Glasscheibe.

Fanni wandte sich zum Gehen. Was versprach er sich davon, dort hineinzustarren? Samstags war zu, und damit basta.

Sie fuhr erschrocken zusammen, als sie ein lautes Pochen hörte. Hastig drehte sie sich um und sah, wie Hofer die Fingerknöchel ein zweites Mal gegen die Scheibe krachen ließ.

Was ist denn in den gefahren?

Fanni trat wieder näher und spähte nun ihrerseits in den Raum. Aber erst als sie sich auf die Zehenspitzen stellte, begriff sie, was Hofer erreichen wollte.

Halb verdeckt von einem der Bücherregale saß Emmi Schwan an einem Schreibtisch. Soeben ließ sie ein Schriftstück sinken und schaute erschrocken auf.

Hofer gestikulierte mit beiden Händen, versuchte ihr zu bedeuten, dass er mit ihr sprechen wolle.

Emmi Schwan sah zerstreut herüber, wirkte einen Moment lang verwirrt, dann abweisend.

Daraufhin zog Hofer eine knallgelbe Karte aus der Tasche und hielt sie gegen die Scheibe.

Fanni gab sich Mühe, die Schrift, die auf der Rückseite schwach durchschien, zu entziffern, musste jedoch einsehen, dass es ihr nicht möglich war. Aber als Hofer die Karte von der Scheibe nahm und umdrehte, bevor er sie wieder wegsteckte, sprang ihr das Wort »Angelclub« ins Auge.

Glaubte er, so eine Mitgliedskarte würde ihm Tür und Tor öffnen?

Scheint tatsächlich der Fall zu sein!

Emmi Schwans Miene hatte sich aufgehellt. Sie wollte sich gerade erheben, als das Telefon auf ihrem Schreibtisch schrill zu klingeln begann.

Gebietend hob sie die Hand, wie um ein Auto am Losfahren zu hindern – was Fanni als Bitte um etwas Geduld interpretierte –, und nahm das Gespräch an.

Während sie telefonierte, wandte sich Fanni wieder ab, weil sie es für ungehörig hielt, sie dabei anzustarren.

Unschlüssig machte sie einen Schritt nach dort und einen nach da, studierte den Aushang, warf einen Blick in den Hof hinaus. Als sie sich wieder dem Innenraum zukehrte, fielen ihr drei drehbare Bücherständer ins Auge, die in einer Ecke des Flurs aufgestellt waren. Ein handgeschriebenes Schild informierte darüber, dass es sich bei den Büchern um aussortierte Exemplare handelte, die für fünfzig Cent das Stück zu haben waren.

Fannis Blick saugte sich an den Buchrücken fest. Kathy Reichs, Jo Nesbø, Ian Rankin. Patricia Cornwell. Durchweg ihre Lieblingsautoren. Wieso waren diese Titel ausgesondert worden? Fanden sie in Rattenberg keine Leser?

Fanni griff nach dem Band »Totenmontag« von Kathy Reichs und begann, den Klappentext zu überfliegen. Tatsächlich, den Krimi kannte sie noch nicht.

Hast du nichts Wichtigeres zu tun, als dir Freizeitlektüre auszu-suchen? SPRUDEL IST WEG!

Eben. Eben deshalb musste sie sich dringend ablenken. Sie musste – für eine Weile wenigstens – damit aufhören, sich laufend die Frage zu stellen, warum er nichts von sich hören ließ, um sie abwechselnd mit »Er hat mich ohne ein Wort des Abschieds verlassen« und »Es ist ihm etwas zugestoßen« zu be-antworten. Denn keine dieser beiden Antworten ließ sich im Mindesten ertragen. Sich mit Büchern zu beschäftigen war ein Ausweg, der sich früher – als sie noch in Erlenweiler lebte und mit Hans Rot verheiratet gewesen war – glänzend bewährt hatte.

Fanni nahm noch Rankins »Ein Rest von Schuld« und Nes-bøs »Rotkehlchen« aus dem Ständer. Eilig versenkte sie die drei Bände in ihrer geräumigen Handtasche, angelte nach ihrem Portemonnaie und kramte einen Euro sowie ein Fünfzig-Cent-Stück heraus. Die beiden Münzen warf sie in den Schlitz eines schwarzen Metallkastens, der an die Mauer geschraubt war. Sie klimperten laut.

Der Ton rief Hofer auf den Plan. Er drehte sich zu ihr um und winkte sie zu sich.

Nachdem Fanni an der Glastür eine Position eingenommen hatte, die ihr freie Sicht erlaubte, sah sie Emmi Schwan auf-geregt in den Hörer sprechen. Die Finger ihrer rechten Hand trommelten auf die Schreibtischplatte.

Was kocht denn da hoch?

Fanni zuckte zusammen, als Frau Schwan unversehens den Hörer auf die Gabel warf.

Im nächsten Moment durchquerte sie mit langen Schritten den Raum.

Die rauscht ja daher wie eine Dampffregatte!

Die Feststellung der Gedankenstimme war nicht ganz von der Hand zu weisen.

Emmi Schwan wirkte derart kampflustig, dass Fanni eine harsche Zurückweisung befürchtete. Hatten sie und Hofer ihre Geste vorhin falsch interpretiert? Hätten sie gehen müssen?

Sie warf Hofer einen hilfesuchenden Blick zu. Der runzelte die Brauen, und sie glaubte, in seinen Augen eine Warnung zu lesen.

Eine Warnung wovor? Vor dem Donnerwetter, das gleich über sie beide hereinbrechen würde?

Hofer deutete verstohlen auf den Schreibtisch, an dem Frau Schwan telefoniert hatte.

Was will er denn damit sagen?

Unvermittelt kam Fanni zu Bewusstsein, dass er sich nicht gescheut hatte, die ganze Zeit durch die Glastür zu spähen, als säße Frau Schwan in einem polizeilichen Vernehmungsraum, den zu überwachen seine vordringlichste Aufgabe war.

Womöglich hat er sogar einen Teil des Telefongesprächs mitbekommen!

Emmi Schwan hatte mittlerweile einen Schlüsselbund gezückt und aufgeschlossen. Als sie die Tür öffnete und ihnen gegenübertrat, zeigte sich ihre Miene zwar nicht abweisend, aber sichtlich bedrückt.

»Frau Rot, Herr Hofer. Tut mir leid, dass ich Sie nicht gleich erkannt habe. Lag wohl daran, dass sich der Gummibaum in der Scheibe gespiegelt hat. Zum Glück ist die Mitgliedskarte vom Angelsportverein schreiend gelb und gleichzeitig etwas wie ein Gütesiegel.«

Scheint ein exklusiver Club zu sein, dem Hofer da angehört!

»Was führt Sie beide denn her?«, fuhr Emmi Schwan fort. »Wir haben zwar am Wochenende geschlossen, aber wenn Sie sich umsehen wollen ...« Sie machte eine einladende Geste, trat ein paar Schritte zurück, blieb dann abwartend stehen.

Und was jetzt?, dachte Fanni. Sollen wir so tun, als interessierten wir uns für den Buchbestand der Rattenberger Stadtbücherei?

Was zu nichts führen würde! Ihr seid schließlich nicht hinter den Qumran-Rollen her, sondern hinter einem abgängigen Ehemann – Lebenspartner, genau genommen! Aber der Hochzeitstermin steht ja schon fest! Oder doch nicht? Egal! Wo war ich stehen geblieben? Ach ja, was ihr von Frau Schwan in Erfahrung bringen müsst, ist doch:

Hat sie Sprudel gestern Abend gesehen? Wenn ja, wo, wann und mit wem?

Fanni biss sich auf die Lippen. Man konnte doch nicht so plump mit der Tür ins Haus fallen.

Diplomatie war gefragt, Taktik. Warum hatten sie sich nicht vorher zurechtgelegt, was zu sagen war?

Hofer hatte offenbar weniger Skrupel.

»Wir suchen Sprudel«, sagte er knapp. »Fürchten, dass ihm etwas passiert ist. Gestern auf dem Schlossberg. Am Abend.«

Das hört sich ja an, als ob Hofer und Sprudel Kumpel wären!

»Den Herrn Sprudel suchen Sie?« Emmi Schwan wirkte konfus. »Was soll ihm denn passiert sein?«

»Das wollen wir ja herauskriegen«, antwortete Hofer etwas mitteilsamer. »Wir machen uns Sorgen, weil er nicht ins Hotel zurückgekommen ist. Haben Sie ihn gestern Abend vor der Vorstellung gesehen? Oder danach?«

Emmi Schwan fuhr sich mit beiden Händen übers Gesicht und durch die kurzen grauen Haare, sodass sie vom Kopf abstanden wie verstreute Halme. Dann sagte sie müde: »Der Herr Sprudel ist ungefähr eine halbe Stunde vor der Vorstellung gekommen und hat nach Cornelia gefragt. Zu dem Zeitpunkt hat allerdings jeder nach Cornelia gefragt. Daran hat sich auch nichts geändert, als Martin auf Linharts Betreiben hin entschieden hat, dass die Vorstellung ohne sie stattfinden wird, und Lizzi in die Garderobe zum Schminken geschickt hat.« Erklärend fügte sie hinzu: »Martin Steber, unser Zeugwart, ist Cornelias Bruder. Im Stück spielt er den Musikanten.«

Der Urkundensammler mit Vollbart, erinnerte sich Fanni. Er schien ja einiges zu sagen zu haben.

»Sprudel war also da«, fasste Hofer zusammen. »Vor der Aufführung. Haben Sie ihn auch danach noch mal gesehen?«

Emmi Schwan schloss die Augen und produzierte zwei steile Falten zwischen ihren Brauen.

Das könnte jetzt eine Weile dauern, bis der gestrige Abend in ihrem Kopf Revue passiert hat!

Während Frau Schwan nachdachte und Hofer ruhelos von

einem Fuß auf den andern trat, ließ Fanni den Blick durch die Bücherei schweifen.

Der Raum zeigte sich auffallend ordentlich, wirkte aber dennoch gemütlich. Eine Sitzgruppe unterm Fenster lud dazu ein, es sich bequem zu machen, in dieses oder jenes Buch ein wenig hineinzulesen, bevor man es auslieh.

Wie gern wäre Fanni eine ganz normale Besucherin gewesen, die nichts weiter im Sinn hatte, als spannende Lektüre mit nach Hause zu nehmen.

Und auf deren Grabstein stehen sollte: »*Ihr Faible war Lesen, nun wird sie rasch verwesen!*«

»Nach der Vorstellung habe ich ihn nicht mehr gesehen«, sagte Emmi Schwan schließlich.

Hofer hob den Zeigefinger. »Und wo war er, als er Ihnen davor zuletzt untergekommen ist?«

»Kurz vor Beginn ist er die kleine Anhöhe hinter der Bühne hinaufgegangen«, antwortete Emmi Schwan ohne Zögern.

Weil Fanni nicht gleich wusste, welche Anhöhe gemeint war, versuchte sie sich in Gedanken auf den Schlossberg zu versetzen.

Ein breiter, gepflasterter Weg (der, den widerrechtlich zu befahren sie gestern Nacht einen missmutigen Taxifahrer genötigt hatte) führte von der Rückseite der Pfarrkirche St. Virgil aus in einer weiten Kurve auf ein Plateau und endete seitlich an den Zuschauertribünen. Die reihten sich ein schönes Stück hoch – schließlich boten sie fast siebenhundert Menschen Platz – bis an die steile Felswand, die das Plateau im Osten begrenzte und das Fundament der Burg bildete. Gegenüber den Tribünen lag die Freilichtbühne mit ihren Kulissen. Die Fassade eines alten Bauernhauses samt Balkon war aufgebaut sowie ein Nebengebäude, ebenfalls mit Balkon. Rechts vom Nebengebäude führte ein Weg steil aufwärts, von dem nach etwa fünfzig Metern der Pfad zu den Toiletten abzweigte. Folgte man dem Hauptweg weiter bergauf, kam man auf die Kuppe eines Hügels, der nach Rattenberg hin steil und felsig abfiel. Zwei markante Felsvorsprünge waren mit einem Geländer gesichert, sodass man sich auf ihnen wie auf einem Söller über den Dächern der Stadt befand. Die Aussicht über den Inn hinüber nach Kramsach und auf die Bergwelt dahinter war atemberaubend.

Emmi Schwan hatte Sprudel also auf dem Weg, der den Hügel hinaufführte, gesehen. Und was hatte er da gewollt? Hatte er die Toilette aufsuchen oder die Aussicht genießen wollen?

Er könnte auch jemandem gefolgt sein!

Fanni schüttelte unmerklich den Kopf. Wohl kaum. Wahrscheinlicher war, dass er gehofft hatte, über den Dächern Rattenbergs Antworten zu finden.

Vermutlich hatte er gedankenvoll über das Städtchen geblickt und sich gefragt, weshalb Cornelia Wolters den Termin am Nachmittag versäumt und – was ihm alarmierend erschienen sein musste – sich zur Vorstellung nicht eingefunden hatte.

Sicherlich hatte Sprudel auf einem der beiden Felsvorsprünge gestanden und sich an das Geländer gelehnt, das – wie Fanni tags zuvor hatte feststellen müssen – selbst ihr nur bis zur Taille reichte.

Ihr Atem beschleunigte sich. Was, wenn …?

Keine Frage, man könnte leicht drüberkippen, wenn man sich eine Spur zu weit vorbeugt! Dann knallt man allerdings ungebremst auf eines der Blechdächer im Malerwinkel. »*Mit lautem Krach fiel er aufs Dach, er wurde niemals wieder wach!*«

Blödsinn! Fannis Atem normalisierte sich allmählich. Sprudel war nicht abgestürzt, das wäre nicht unbemerkt geblieben. Eben weil man es krachen gehört hätte.

Was aber war tatsächlich geschehen?

»Nein«, wiederholte Emmi Schwan gerade, weil Hofer anscheinend noch mal danach gefragt hatte. »Nach der Vorstellung habe ich ihn bestimmt nicht mehr gesehen. Wir Darsteller sind noch eine Zeit lang beieinandergestanden, haben was getrunken und uns gefragt, was mit Cornelia los sein könnte. Wenn Herr Sprudel in der Nähe gewesen wäre, hätte ich ihn bestimmt bemerkt. Die Scheinwerfer haben ja den ganzen Bühnenvorplatz ausgeleuchtet.« Sie rieb sich die Augen. »Ich kann einfach nicht glauben, dass Cornelia tot sein soll – ermordet.«

»Wie kommen Sie auf Mord?«, fragte Hofer scharf. »Wer sagt, dass es kein Unfall war?«

»Martin«, erwiderte Emmi Schwan. »Er hat mich gerade angerufen. Die Polizei hat ihm vorhin offiziell mitgeteilt, dass seine Schwester ermordet worden ist.«

»Wie?«, fragte Hofer.

Emmi Schwan sah ihn verwirrt an. »Mündlich, denke ich.«

»Wie Frau Wolters ermordet worden ist«, präzisierte Hofer.

Emmi Schwan stöhnte auf. »Mit ihrem eigenen Schal erwürgt und ins Wasser geworfen.«

Kaum hatte sie den Satz zu Ende gebracht, läutete das Telefon auf dem Schreibtisch erneut. Sie entschuldigte sich, ging hinüber und hob ab.

Wieder scheute Hofer sich nicht, sein Interesse an dem Gespräch ganz offen zu zeigen.

Diesmal spitzte auch Fanni die Ohren.

»Das geht doch nicht«, sagte Emmi Schwan gerade. »Das kann man doch nicht machen. Das ist … ungebührlich ist das.« Daraufhin hörte sie eine ganze Weile zu. »Unter das Motto gestellt: ›Cornelia, wir werden dich niemals vergessen‹. Verstehe«, antwortete sie. »Die haben schnell umetikettiert. Einfallsreich sind die, das muss man ihnen lassen.« Während der Anrufer wieder sprach, nickte sie, als könnte er sie sehen. Bevor sie das Gespräch beendete, sagte sie noch brüsk: »Da kann man ja schlecht wegbleiben.«

»Eine Totenfeier für Frau Wolters?«, fragte Hofer ungeniert, nachdem sie aufgelegt hatte.

»Im Landgarten«, bestätigte Frau Schwan.

Hofer sah sie einen Augenblick lang verblüfft an, dann lachte er auf. »Das haben Sie mit ›umetikettiert‹ gemeint. Ja, so kann man es nennen. Punkt zwölf Uhr mittags, wie immer?«

Emmi Schwan verdrehte die Augen.

Hofer wandte sich an Fanni. »Wir zwei gehen da auch hin.«

★★★

Durch die Tür, die mit einem durchdringenden Quietschen dagegen protestierte, gelangte Sprudel in einen großen Raum, der als Lagerhalle genutzt zu werden schien. Entlang den weiß getünchten Wänden reihten sich Kisten und Kartons. Dazwischen befanden sich lebensgroße Statuen aus Marmor oder einer Imitation davon; ein Brunnenbassin, eingefasst von steinernen Girlanden; ein riesiger Spiegel mit barockem Rahmen; eine ganze Heerschar vergoldeter Engel.

Sprudel vermutete sich im Asservatenraum eines Museums, hielt sich jedoch nicht mit langen Betrachtungen auf, sondern eilte auf eine Tür am anderen Ende der Halle zu.

Das »Hoi«, das ihm entschlüpfte, nachdem er vergeblich versucht hatte, sie zu öffnen, klang zutiefst erschrocken. Ungläubig rüttelte er an der Klinke, bis er einsehen musste, dass er sich wieder einmal vor einer Barriere befand.

Erneut würde er sich auf die Suche nach einem gangbaren Weg machen müssen.

Das einzige Fenster des Raumes bot sich dafür an. Es war nicht vergittert, stand sogar offen.

Zielstrebig ging er darauf zu und beugte sich hinaus.

»Hätte ich mir eigentlich denken können«, entfuhr es ihm bitter, denn eindeutig handelte es sich um dasjenige, das er vom Hof aus gesehen hatte. Dorthin hätte er auch problemlos über die Stiege und den schmalen Gang zurückkehren können.

Das Fenster war also keine Option.

Niedergeschlagen kehrte er zu der verschlossenen Tür zurück. Die wirkte beängstigend stabil. Aber sie war aus Holz. Mit den richtigen Gerätschaften müsste man sie aufstemmen können.

Hammer und Meißel. Würden sich solche oder ähnliche Werkzeuge hier finden lassen?

Einen Anflug von Hoffnung schürend, trat Sprudel an einen enormen Arbeitstisch am anderen Ende des Raums, der mit Dokumenten, Bauplänen und allerlei Utensilien übersät war.

Er räumte Lineale, Stifte, ein paar Döschen und mehrere Zettelkästen beiseite, fand eine solide Schere und einen Briefbeschwerer aus Quarz.

Besser als nichts.

Sprudel wollte mit seinen provisorischen Werkzeugen in der Hand gerade wieder zur Tür gehen, als ihn ein Impuls innehalten ließ. Irgendetwas auf dem Tisch hatte ihn irritiert, als er dort herumsuchte. Unschlüssig kehrte er zurück.

Die Baupläne fielen ihm ins Auge. Sie zeigten mittelalterliche Hausfronten in italienischem Stil. Fronten, wie sie Rattenbergs Fußgängerzone säumten. Standen umfassende Renovierungsarbeiten an? Aber welche Stadt konnte es sich schon leisten, in einem Aufwasch ganze Straßenzüge instand zu setzen?

Einerlei, dachte Sprudel und tat die Sache mit einem Schulterzucken ab. Es mochte Hunderte von Erklärungen für so ein Großprojekt geben: Sponsoren aus der Finanzwirtschaft, Gelder von der EU, was auch immer. Er hatte Wichtigeres zu tun, als darüber nachzudenken.

Energisch kehrte er zur Tür zurück, setzte die Spitze der Schere kurz oberhalb des Schlosses an, schlug mit dem Briefbeschwerer auf den Griff und trieb sie Zentimeter für Zentimeter zwischen Türblatt und Zarge. Das Holz splitterte, die Schläge schepperten.

Nicht zu ändern, dachte Sprudel. Wenn der Lärm jemanden auf den Plan ruft, dann ist das halt so.

Als die Schere gut zur Hälfte in der Fuge steckte, setzte er sie als Hebel ein. Dabei wandte er anfangs nur wenig Kraft auf, ängstlich darauf bedacht, sein Werkzeug nicht zu zerbrechen.

Nichts bewegte sich.

Dann eben mit mehr Nachdruck.

Er stemmte sich gegen seinen Hebel, wodurch er nur ein paar neue Holzsplitter und ein unangenehmes Knarzen produzierte. Erbost setzte er daraufhin sein ganzes Gewicht ein.

Die Schere bog sich. Es gab einen Knall. Die Tür sprang auf.

Erleichtert trat Sprudel in einen geräumigen Flur, der erst kürzlich renoviert worden zu sein schien. Die Wände erstrahlten in unbeflecktem Weiß, der helle, schwach marmorierte Steinboden glänzte neu und teuer. Sprudels nasse Schuhe hinterließen hässliche braune Flecken und Pfützen darauf. Er kümmerte sich nicht darum, eilte zielstrebig an tiefen Fensternischen entlang auf ein Portal zu, das ihn – wie er hoffte – endlich in die Freiheit entlassen würde.

Zwei Minuten später stand er auf der Straße.

Passanten eilten an ihm vorüber, eine Kinderstimme drang an sein Ohr. »Mami, schau, der Mann da. Der ist ja patschnass und ganz dreckig. Warum ist denn der so nass und so dreckig, Mami?«

Sprudel musste nicht an sich hinuntersehen, um zu wissen, dass seine Hose an den Beinen klebte und voller Schlammspritzer war, dass seine feuchte Hemdbrust einen breiten lehmigen Streifen aufwies, dass seine Schuhe eigentlich gar nicht mehr aussahen wie Schuhe.

Daran ließ sich nichts ändern, bis er im Hotelzimmer angelangt war und sich umziehen konnte. Würde er Fanni dort vorfinden? Er wagte es kaum zu hoffen.

Ungeduldig schaute er sich nach einem Hinweis um, der ihm verraten würde, wie er auf dem schnellsten Weg nach Kramsach kommen konnte.

Als er gerade ein Straßenschild entdeckt hatte und darauf zustreben wollte, streifte sein Blick ein Paar, das soeben daran vorüberging.

Er blieb abrupt stehen und starrte den beiden, die in eine angeregte Unterhaltung vertieft waren, wie hypnotisiert hinterher.

Hatte er Halluzinationen? Was nicht erstaunlich wäre nach dem, was ihm in den letzten Stunden widerfahren war.

Trotzdem. Die Sache musste überprüft werden.

Mit langen Schritten holte Sprudel zu den beiden auf. Er drosselte das Tempo erst, als er nah genug heran war, um nicht Gefahr zu laufen, sie wieder aus den Augen zu verlieren. Dann folgte er ihnen vorsichtig.

Er hatte sich nicht getäuscht. Die Frau war Fanni. Und der Mann – auch daran gab es keinen Zweifel – war sein früherer Kollege Max Hofer.

Fanni und Hofer. Einträchtig und ins Gespräch vertieft die Südtiroler Straße hinuntereilend.

Was hatte das zu bedeuten? Und wo kam auf einmal Hofer her, von dem er seit Jahren nichts gehört hatte?

Sprudel fragte sich, ob sein Oberstübchen verrücktspielte. Hatte er einen Dachschaden davongetragen?

Um mehr Klarheit zu gewinnen, würde er vorerst an den beiden dranbleiben müssen. Unbemerkt. Solange er darüber im Ungewissen war, ob er nicht doch Gespenster sah, konnte er nicht wagen, sie anzusprechen.

Er folgte ihnen durch die schmale, gepflasterte Fußgängerzone, durch die sich so viele Touristen schoben, dass er die beiden beinahe aus den Augen verloren hätte. Ohne Hofers Begleitung wäre ihm Fanni fraglos entschlüpft. Zum Glück hatte Hofer eine große, kräftige Statur, sodass er aus der Masse herausragte und meistens gut zu sehen war.

Schließlich kamen sie an das Stadttor, durchschritten es, bogen dahinter rechts ab und erreichten das Ufer des Inn.

Trotz der Hitze des Tages – seine Armbanduhr war letztendlich stehen geblieben, aber dem Stand der Sonne nach ging es auf Mittag zu – und trotz der Tatsache, dass zumindest sein Hemd schon so gut wie trocken war, überlief es Sprudel kalt.

Die lehmigen Fluten wälzten sich erbarmungslos dahin. Sie leckten an der Uferbefestigung, unterspülten sie da und dort. Wer in diese Wassermassen geriet, dem gnade Gott. Er selbst war einem grausamen Wasserschwall eben erst mit knapper Not entkommen.

Einen unbedachten Augenblick lang ließ Sprudel den Blick mit der Strömung ziehen, was ihn beinahe um den Erfolg seiner Aktion gebracht hätte.

Mehr spürte er, als dass er sah, wie Fanni und Hofer hinter einem Mauervorsprung verschwanden. Hastig lief er ihnen nach, umrundete das Eckstück und kam an ein weit offen stehendes Tor. Es führte in einen lichtdurchfluteten Innenhof, der durch hohe Pflanzen weitgehend vor neugierigen Blicken geschützt war.

Sprudel drückte sich an einen der Torpfosten und reckte den Hals, sah jedoch nur hie und da einen Haarschopf auftauchen, der schnell wieder verschwand. Auch als er sich weiter vorwagte, blieb ihm die Sicht verstellt. Da kehrte er um und stieg kurzerhand auf eine Querstrebe des nach innen geklappten Torflügels. So konnte er zumindest einen Teil des Terrains überblicken.

Offenbar fand ein Empfang statt. Gut gekleidete Menschen standen in Grüppchen zusammen oder saßen um kleine runde Tische. Man hatte ein Glas in der Hand, unterhielt sich.

Seltsamerweise klangen die Stimmen der Gäste auf dieser Gartenparty – es musste sich um eine Einladung zum Brunch handeln – auffällig gedämpft. Kein lautes Lachen, kein scherzhafter Zuruf, nicht einmal ein verhaltenes Kichern.

Alles wirkte merkwürdig still und ernst.

Hofer hatte sich einem Kreis von Männern angeschlossen, die mit steinernen Mienen vor irgendeiner abstrakten Skulptur standen. Plastiken gab es offenbar eine ganze Menge in diesem gastlichen Innenhof.

Sprudels Blick glitt über künstlerisch gestaltete Steinblöcke, futuristisch anmutende Metallkonstruktionen und Figuren wie dem Palazzo Doria entsprungen.

Neben einem Zentauren entdeckte er Fanni. Sie hatte sich einem etwa einen Meter hohen, gut ebenso breiten Mäuerchen aus alten Ziegelsteinen zugewandt, das mit einem weißen Tuch bedeckt war und offensichtlich als Theke diente. Sprudel konnte Gläser und Flaschen sehen, Schüsseln, aufeinandergestapelte Teller, Obstkörbe und Blumengestecke, Platten mit Wurst und Käse, Berge von Brötchen.

Jetzt nahm er auch den Duft frischer Backwaren wahr und fühlte, wie sein Magen zu rumoren anfing.

»Machen Sie sofort, dass Sie hier herunterkommen!« Die volltönende Stimme gehörte einem geradezu distinguiert wirkenden Herrn Mitte fünfzig. Er war von der Straßenseite her herangetreten, weshalb Sprudel, dessen Aufmerksamkeit auf die Szene im Innenhof gerichtet gewesen war, ihn nicht bemerkt hatte.

Aus den wachen Augen des offenbar verspäteten Gastes traf

ihn ein gebieterischer Blick. »Scheren Sie sich weg hier.« Der Blick wurde misstrauisch. »Was machen Sie da überhaupt?«

Sprudel hatte nicht die Absicht, darauf zu antworten. Er war bereits von der Querstrebe hinuntergesprungen und gab nun schleunigst Fersengeld.

5

»Spleenig sind sie, die Stefflingers. Eindeutig spleenig«, hatte Hofer gesagt, als er mit Fanni die Südtiroler Straße hinuntergeeilt war.

Spleenig, hatte Fanni in Gedanken wiederholt. Ein veralteter Ausdruck. Sagt man heutzutage nicht eher »schräg« oder »durchgeknallt«?

»Aber aus Rattenberg einfach nicht wegzudenken«, fuhr Hofer fort. »In einer Oper würden sie das Buffo-Paar geben.« Er warf Fanni einen forschenden Blick zu, den sie mit einem Nicken quittierte.

»Ein-, zweimal im Sommer laden sie zum Brunch ein«, berichtete Hofer. »Und alles, was Rang und Namen hat, versammelt sich in ihrem Garten. Der Polizeichef tanzt an, der Chef der Stadtverwaltung, der Feuerwehkommandant, der Bürgermeister. Den Stefflingers sagt man nicht ab. Auf keinen Fall.«

Hofer hatte recht gehabt. Im einladenden Garten des Ehepaars Stefflinger bediente sich der Rattenberger Bürgermeister gerade am Büfett. Fanni erkannte ihn, weil sie sein Foto im Programmheft der Schlossbergspiele gesehen hatte.

Sie machte die Bekanntschaft mehrerer Geschäftsleute (Besitzer vom Autohaus Sowieso, Seniorchef der Bauunternehmung Dingsda, Hotelier Wie-war-der-Name-gleich-wieder) – allesamt seriös gekleidet, sowie einiger sehr salopp wirkender Gäste, die sich als spezielle Freunde der Stefflingers zu erkennen gaben.

Einer aus der seriös gekleideten Riege, ein rotwangiger Dickwanst mit Halbglatze – »Sigfried Kamm, nennen Sie mich Sigi«, hatte er sich selbst vorgestellt –, machte es sich zur Aufgabe, Fanni über die Gastgeber ins Bild zu setzen, während er einen Teller voll Kanapees verzehrte.

Anke und Hans-Dieter Stefflinger waren viele Jahre lang als Touristen nach Rattenberg gereist, bis sie sich schließlich eigenen Grundbesitz zulegten und den Hauskauf seinerzeit mit einer Gartenparty feierten. Eingeladen war, wer Lust hatte zu kommen. Das Fest war ein derart großer Erfolg geworden, dass sich sowohl Gäste als auch Gastgeber darüber einig waren, es müsse wiederholt werden. Seitdem war jeden Sommer am ersten Tag der letzten Festspielwoche Jour fixe.

»Für die Honoratioren ist das Dabeisein inzwischen ein Muss«, berichtete Kamm. »Aber sie kommen gern, so wie fast alle Rattenberger.« Er feixte. »Bei den Stefflingers gibt's keine Obergrenzen, keine Kontingente wie bei der Bayerischen Staatsregierung.«

Fanni blieb ernst. Das Flüchtlingsproblem war inzwischen so bedrückend, dass es ihr geschmacklos erschien, darüber zu witzeln.

Ihr Unmut wurde nicht wahrgenommen, denn Sigi Kamm hatte sich dem Tor zugedreht, wo Stimmen laut geworden waren. Da die anwesenden Gäste darauf bedacht schienen, ihre Unterhaltungen gedämpft zu führen – schließlich war das Fest zu einer Gedenkfeier umfunktioniert worden –, konnte Fanni ein paar Worte verstehen: »Schön, dass Sie es einrichten konnten ... Ja, Cornelia zu Ehren ...«

Offenbar waren noch weitere Gäste eingetroffen.

Fanni hoffte, Sigi Kamm loszuwerden. Was er über die Stefflingers zu berichten hatte, interessierte sie nicht die Bohne, weil sein Geschwätz ihr nicht die geringsten Aufschlüsse über Sprudels Verbleib zu geben vermochte. Ihn direkt nach Sprudel zu fragen, hatte jedoch keinen Sinn. Er kannte ihn ja nicht, hätte also nicht sagen können, ob er ihn irgendwo gesehen hatte oder nicht.

Aber nach der Wolters kannst du unseren Plappersigi fragen! Die kannte er bestimmt. Und so, wie es aussieht, steckt er die Nase in jeden Tiegel. Er könnte also einiges über sie wissen. Hör dir an, was er über sie zu sagen hat. Vielleicht ergibt sich was draus.

Kamm schwenkte wieder zu Fanni zurück. »Wer hätte gedacht, dass die wunderbare Gartenparty der Stefflingers eines Tages zu einer Gedenkfeier werden würde?«

Weil Fanni nicht gleich darauf antwortete, setzte er hinzu: »Sie haben doch von der Ermordung unserer Kulturbeauftragten gehört, oder?«

Fanni beschränkte sich auf ein Nicken.

Kamm seufzte theatralisch. »Was für eine Tragödie. Für Cornelias Familie, für ihre Freunde, für ganz Rattenberg.«

Das Stichwort, auf das Fanni gehofft hatte, war damit gefallen. Bevor er weiterreden und womöglich vom Thema abschweifen konnte, fragte sie: »Haben Sie Frau Wolters gut gekannt?«

Die Frage schien ihn zu überraschen. Er legte das letzte Häppchen, das er sich gerade in den Mund hatte stecken wollen, zurück auf den Teller. »Ähm, na ja, wie man's nimmt. Ich hatte öfters mal beruflich mit ihr zu tun.«

Fanni wartete ab, aber er schien nichts mehr hinzufügen zu wollen. Da sagte sie: »Die Zusammenarbeit mit ihr war sicherlich angenehm. Man hört ja nur Gutes über Rattenbergs Kulturbeauftragte, ihre Befähigung, ihre Tatkraft ...« Sie ließ das Ende des Satzes absichtlich offen.

Kamm hatte sich indessen über das Häppchen hergemacht und kaute heftig.

Fanni sah ihn ermunternd an, wobei sie die rechte Braue ganz leicht nach oben zog.

Er schluckte. »Sie ist tatsächlich ein Ausbund an Perfektion gewesen.«

»Aber das war Ihrer Meinung nach zu viel des Guten.« Fanni bemühte sich um ein verständnisvolles Lächeln.

Sigi Kamm befeuchtete seinen Zeigefinger und klaubte, den Blick auf sein Tun gerichtet, die Brösel von seinem Teller. »Warum nicht hin und wieder die Zügel ein wenig schießen lassen? Warum nicht dort und da ein Auge zudrücken? Ein Quäntchen Nonchalance macht allen das Leben leichter.« Er schaute auf. »Was keine Kritik an Cornelia Wolters sein soll. Sie war wirklich die Beste. Die – äh – Allerbeste.« Bekümmert blickte er auf seinen blitzblank geleckten Teller.

Was ihn wohl mehr betrübt, Cornelia Wolters' Tod oder sein leerer Teller?

Fanni tippte auf Letzteres und darauf, dass Sigi Kamm nicht lange zögern würde, diesem Manko Abhilfe zu schaffen.

Er machte bereits einen Schritt in Richtung Büfett. »Wollen Sie sich nicht auch mit einer Portion dieser leckeren Häppchen versorgen?«

So wie Sigi Kamm die Dinger in sich hineingeschaufelt hatte, war ihr der Appetit darauf gründlich vergangen. Sie verneinte nachdrücklich.

Kamm setzte sich in Bewegung, hob die Hand und wackelte mit den Fingern. »Man sieht sich, man sieht sich.« Doch bevor er richtig in Fahrt kam, hielt er noch einmal inne und sagte verschwörerisch: »Sie sollten die Köstlichkeiten genießen, die uns Anke und Hans-Dieter bieten. Wer weiß, wie lange es hier noch solche Empfänge geben wird.«

Fanni blieb betroffen zurück. Was sollte sie von dieser Äußerung halten? Wollten die Stefflingers ihre Zelte in Rattenberg wieder abbrechen? Denkbar. Sie zögerten, es publik zu machen? Vorstellbar. Sigi Kamm wusste davon? Möglich. Aber warum machte er so ein Rätselspiel daraus?

Mit einer unwilligen Bewegung wischte Fanni seine Worte beiseite. Sie waren nicht von Interesse für sie, brachten kein bisschen Licht in das Dunkel, das Sprudels Verschwinden umgab. Nichts hatte bisher Licht in dieses Dunkel gebracht.

Waren sie und Hofer ganz umsonst hergekommen?

Fanni schaute sich nach ihm um, konnte ihn jedoch nirgends entdecken. Während ihrer Unterhaltung mit Sigi Kamm hatte sie ihn ein paarmal zwischen den Gästen auftauchen sehen, in ihre Nähe war er jedoch nicht gelangt.

Seufzend machte sie sich auf die Suche nach ihm.

Hoffentlich hatte Hofer etwas Brauchbares in Erfahrung bringen können und nicht bloß, wie sie, wertvolle Zeit verloren. Zeit, die sie anderweitig besser hätten nutzen können.

Wie denn? Mit einem Suchhund vom Räumkommando?

Ich wünschte, so ein Suchhund zu sein, dachte Fanni. Dann

könnte ich Sprudels Spur erschnüffeln und ihr folgen, bis ich ihn gefunden hätte.

Sie warf einen Blick auf ihre Armbanduhr. Zwanzig vor eins. Seit ihrer Ankunft war erst eine halbe Stunde vergangen. Es war wohl zu früh, Hofer hier loseisen zu wollen. Sie würde sich mindestens eine weitere halbe Stunde gedulden müssen.

Oder sollte sie einfach gehen? Ohne ein Wort zu Hofer, ohne ein Wort zu den Gastgebern. Am liebsten hätte sie es getan. Aber was dann?

Du kannst ja doch noch bei der Polizei vorstellig werden!

Fanni nickte, stellte ihr Glas ab und ging in Richtung Eingangstor.

»Frau Rot, das freut mich aber sehr, Sie wiederzusehen. Auch wenn der Anlass ein sehr, sehr trauriger ist.« Lothar Ziller war ihr in den Weg getreten und bedachte sie mit einem warmen Lächeln.

Fanni fiel auf, dass Sigi Kamm ihn wie ein Trabant umkreist hatte, nun aber aus der Umlaufbahn schwenkte.

»Sie haben ja gar nichts zu trinken«, fuhr Ziller fort. »Kommen Sie, kommen Sie.« Er fasste sie sanft am Ellbogen und lenkte sie zurück ins Zentrum des Innenhofs.

Fanni ließ sich willig von ihm führen. Ziller strahlte eine Gediegenheit aus, die ihr guttat. Konnte er ihr Antworten liefern? Hatte er Sprudel gestern Abend gesehen oder jemanden über ihn reden hören?

Das wirst du ihn wohl fragen müssen!

»Sie bekam den Mund nicht auf, jetzt liegt ein Zentner Erde drauf!«

Fanni schreckte auf, als Ziller ihren Ellbogen losließ und beide Arme ausstreckte. »Da kommt ja unsere reizende Gastgeberin. Haben Sie sie schon kennengelernt?«

Anke Stefflinger ergriff seine Hände und küsste ihn temperamentvoll auf beide Wangen.

Fanni musterte sie erstaunt.

Hofer hatte beiläufig erwähnt, dass Anke Stefflinger dieses Jahr ihren sechzigsten Geburtstag gefeiert hatte, was Fanni überraschte. Sie hätte sie auf Anfang fünfzig geschätzt. Der jugendliche Schwung, mit dem sie sich bewegte, die Dynamik, die von ihr ausging, das gerötete, etwas pausbäckige Gesicht machten anscheinend zehn Jahre wett.

In Anke Stefflingers dunkelbraune Haare mischte sich keine einzige graue Strähne, was sicherlich einem Haarfärbemittel zu verdanken war, aber einen erklecklichen Beitrag zu ihrer frischen Erscheinung leistete.

Du solltest dir an ihr ein Beispiel nehmen, anstatt Jahr und Tag wie eine Kellermaus herumzulaufen!

Als Anke Stefflinger sich ihr zuwandte, stellte Fanni fest, dass ihre Gesichtshaut nahezu faltenfrei war.

Botox?

Bestimmt nicht, dachte Fanni. Bei der guten Anke ist alles so großzügig gepolstert, dass sich unmöglich Fältchen bilden können. Die Haut muss sich über all den Fetteinlagerungen straffen und dehnen wie ein Luftballon.

Ein kurzer Blick auf Ankes Taille zeigte ihr, dass die Fettpolster dort ihrem Höchstmaß zutrieben.

Hat man nicht einen Petziball vor Augen, wenn man sie so ansieht?

Fanni schmunzelte. Der Vergleich war gut, zumal Anke Stefflinger offenbar nicht stillstehen konnte. Sie hüpfte auf und ab, bewegte sich – ja, die Bewegung wirkte wie ein Rollen – mal in die eine Richtung, mal in die andere.

»Wer hätte gedacht, dass unser einsamer Wolf auf seine alten Tage noch mit einer so reizenden Partnerin aufwarten würde«, rief Anke Stefflinger enthusiastisch, packte Fanni bei den Schultern und hielt sie auf Armeslänge von sich, um sie betrachten zu können.

Was zum Teufel meint sie damit?

Fanni warf Lothar Ziller einen hilfesuchenden Blick zu.

Mit einem angedeuteten Schulterzucken gab er ihr zu verstehen, dass er sie nicht aufklären könne.

Das besorgte Anke schließlich selbst, indem sie sagte: »Seit ich Hofer kenne – und das sind ein paar Jährchen –, sieht man ihn nur zusammen mit seinem Angelgerät, als gäbe es nichts anderes auf der Welt.«

Fanni begriff. Anke Stefflinger hatte sie und Hofer zusammen kommen sehen und nahm an, sie seien ein Paar. Hofer hatte wohl noch keine Gelegenheit gehabt, den Irrtum aufzuklären.

Wie auch, Anke konnte nicht nur keine Sekunde stillstehen, sondern offenbar auch ihren Mund nicht lange genug halten, um sich weitschweifige Erklärungen anzuhören.

Das wurde Fanni klar, als sie versuchte, zu Wort zu kommen.

Anke Stefflinger bemerkte ihren Vorstoß nicht einmal. Sie drehte eine Pirouette, tätschelte Lothar Zillers Arm, winkte einer Dame schräg gegenüber und plapperte.

Ihr Redefluss hörte sich an wie ein deutscher Schlager aus den Fünfzigern – munter, eingängig, anspruchslos.

Fanni hätte gern die eine oder andere Zwischenfrage gestellt, musste jedoch darauf verzichten, weil sie Anke nicht rüde ins Wort fallen wollte.

Sie erfuhr, dass Ankes Mann Hans-Dieter Chemiker war.

»In seiner Freizeit allerdings«, sagte Anke zwinkernd, »beschäftigt er sich ausschließlich mit der Chemie von Wein, Spirituosen und anderen Tropfen …« Sie schickte einen liebevollen Blick zu einer provisorischen Theke hinüber, wo ihr Mann aus einem Fässchen Bier zapfte.

Ihm war Fanni bereits bei ihrem Eintreffen vorgestellt worden. Aber im Gegensatz zu Anke war ihr Hans-Dieter alt vorgekommen.

Die Fettpolster auf seinen Wangen hatten es aufgegeben, die Haut straffen zu wollen, waren stattdessen der Schwerkraft gefolgt und hingen wie Säcke hinunter. Insgesamt wirkte Hans-Dieter so schlaff und welk wie eine besiegte Robbe. Er hatte schlohweiße Haare, die er in dem vergeblichen Bemühen, eine kahle Stelle am Hinterkopf zu kaschieren, quer darüberkämmte. Obwohl weniger rundlich als Anke, bewegte er sich weit schwerfälliger als sie. Entweder besaß er so gut wie keine Energie, oder er sparte sie auf.

Er spart seine Kräfte für wichtige Dinge auf, macht sich ja nicht einmal die Mühe, deutlich zu sprechen.

Anke war bereits beim nächsten Thema. Sie machte eine Handbewegung, die halb Rattenberg einschloss. »Wir besitzen zwar noch ein Haus in Niederbayern und ein Häuschen im Taunus, aber wenn wir in Pension gehen – und das dauert nicht mehr lang –, wird wohl das hier unser ständiger Wohnsitz. In Niederbayern hält uns überhaupt nichts. Kinder haben wir nicht, Freunde können uns auch hier besuchen, und die Nachbarn am Muschelbach sind uns sowieso nicht grün. Einige jedenfalls. Außerdem wollen wir oft verreisen. Reisen war schon immer unsere Leidenschaft. Waren Sie schon mal am Amazonas? Grandios, sag ich Ihnen. Oder im Outback? Australien ist unser nächstes Ziel.«

Fanni fragte sich gerade, ob Anke und Hans-Dieter wohl mehr Geld zur Verfügung hatten, als sie ausgeben konnten, da wirbelte Anke herum wie ein auf Touren gebrachter Kreisel, winkte ihr aus der Drehbewegung noch kurz zu und schoss davon.

Fanni sah ihr verdutzt nach.

Bist du jetzt klüger als zuvor? Falls Hofer nicht mehr herauskriegt, hättet ihr euch den Weg tatsächlich sparen können! »*Im Leben vertat sie ihre Zeit, jetzt ruht sie in der Ewigkeit!*«

Noch während ihre Gedankenstimme wieder einmal einen selbst gedichteten Grabspruch von sich gab, setzte sich Fanni in Bewegung, um nach Hofer zu suchen.

Schluss jetzt, dachte sie. Ich gehe auf der Stelle. Hofer kann hierbleiben oder mitkommen, ganz wie es ihm beliebt. Und wenn ich ihn nicht bald finde, gehe ich ohne ein Wort.

Sie beschrieb einen Halbkreis um den Innenhof, kam an einem Grüppchen vorbei, das rauchend um eine Kübelpflanze stand, an einem Paar, das händchenhaltend auf einer Bank saß –

Bemerke ich eine Spur von Neid?

– an einem Amor, der seinen Pfeil auf sie richtete. Dann gelangte sie an eine Terrassentür, deren Flügel weit geöffnet waren, wagte jedoch nicht, davor stehen zu bleiben. Sie schritt eine Blumenrabatte entlang, die sie kaum eines Blickes würdigte, weil etwas anderes ihr Interesse auf sich zog. Hinter einem

Mauervorsprung war ein Fenster offen, der Vorsprung sorgte dafür, dass man vom Innenhof aus nicht gleich sehen konnte, ob jemand davorstand und seinen Kopf hineinsteckte.

Wozu willst du eigentlich die Privatgemächer der Stefflingers aus-spionieren? Glaubst du, sie halten Sprudel da versteckt?

Fanni hätte selbst nicht sagen können, was sie so magisch anzog. Sie konnte einfach nicht anders, als sich über den Sims zu lehnen und den Raum zu inspizieren. Offensichtlich diente er als Arbeitszimmer, denn an den Wänden entlang reihten sich Bücherregale. Die Mitte nahm ein ausladender Schreibtisch ein. Der war mit Schriftstücken und allerlei Krimskrams so übersät, dass Fanni sich fragte, wie jemand daran arbeiten sollte.

Schön, und jetzt mach, dass du wegkommst, bevor man dich ent-deckt und die Sache peinlich wird!

Fanni wollte sich schon zurückziehen, als etwas in dem Durcheinander auf der Tischplatte ihren Blick auf sich zog. Es lag nachlässig hingeworfen auf einem Stapel Schriftstücke, als wäre es in aller Eile dort abgelegt und vergessen worden.

Fanni kniff die Augen zusammen, um den Blick schärfer zu stellen.

Täuschte sie sich?

Sie beugte sich noch weiter über den Sims und strengte die Augen an, um das Ding identifizieren zu können, das ihre Aufmerksamkeit erregt hatte.

Nein, sie täuschte sich nicht.

Auf Stefflingers Schreibtisch lag die Tasche, die Sprudel am Abend zuvor mitgenommen hatte, als er zum Schlossberg ge-gangen war. Fanni hatte ihm noch dabei zugesehen, wie er das blaue Notizbuch hineinsteckte, das er – warum auch immer – in einen Briefbogen des Hotels eingeschlagen hatte, einen leich-ten Pullover darin verstaute; einen Taschenschirm, ein Paket Papiertaschentücher …

Solche Umhängetaschen gibt es doch zu Hunderten! Naturfarbe-nes Segeltuch, die Klappe mit Klettverschluss zu befestigen, breiter Schultergurt. Fast jeder hat so ein Ding. Schüler, Büroangestellte, Ex-Kommissare, sicher auch Stefflinger!

Das ließ sich nicht bestreiten. Trotzdem konnte es sich um Sprudels Tasche handeln, was leicht festzustellen gewesen wäre, hätte die rechte untere Ecke der Klappe nicht verdeckt unter einer zerfledderten Broschüre gelegen, denn dort hatte Sprudel einen Button befestigt, auf dem »Fanni and me forever« stand. Er hatte ihn auf ihrer ersten gemeinsamen Reise – sie führte nach Bolivien – in einem kleinen Computershop bedrucken lassen. Der Anstecker leuchtete aquamarinblau, der Schriftzug war dunkelrot.

»Ich mag die Stelle hier auch recht gern, sie ist so schön schattig.«

Fanni drehte sich mit einem Ruck um.

Hans-Dieter Stefflinger lehnte zwei Schritte von ihr entfernt an einem Granitsockel, auf dem sich eine abstrakte Metallkonstruktion befand. Unter den wie kleine Schirme wirkenden Gebilden, die an einem Bündel Eisenstangen befestigt waren, standen zwei Weinkelche, drei Finger hoch mit einer fast dunkelviolett schimmernden Flüssigkeit gefüllt.

»Aber ohne einen edlen Tropfen taugt das schönste Plätzchen nichts.« Stefflinger lächelte väterlich und reichte ihr einen der Kelche. »Das ist ein Morellino di Scansano ...«

Ach, das kann er deutlich aussprechen!

»... aus der Toskana. Von einem der besten Weingüter in der Region.«

Er nannte einen Namen, der Fanni nichts sagte. Sie hatte so gut wie keine Ahnung von Rebsorten und deren Anbau, obwohl sie zum Abendessen immer auf einem Glas Rotwein bestand. Was die Marke betraf, war sie nicht sehr wählerisch. Auf dem Flaschenetikett interessierte sie nur das Biosiegel und die Aufschrift »trocken«.

Abends trank Fanni sehr gern ein Glas Rotwein, aber tagsüber bevorzugte sie Tee und Wasser, denn Alkohol machte sie müde und schlapp.

Stefflinger nickte lässig zum Büfett hinüber. »Sie sollten ein Stück von der Quiche dazu essen, die Anke selbst gebacken hat.« Er küsste seine Fingerspitzen. »De-li-kat. Kommen Sie.«

Fanni blieb nichts anderes übrig, als ihn zu begleiten, zumal er ihren freien Arm umfasst hatte und sie mit sich zog.

Anders als Anke hatte Hans-Dieter einen müden, schleppenden Gang; Fanni kam es so vor, als würde er nach jedem Schritt eine Verschnaufpause einlegen.

Umso besser. Das Schneckentempo verschaffte ihr Zeit, darüber nachzudenken, wie sie die Sache mit der Tasche aufs Tapet bringen konnte.

Mit Umsicht und Bedacht!

Ausgeschlossen. Fanni war viel zu erregt, um sich einen gewieften Winkelzug einfallen zu lassen.

Schließlich sagte sie lahm: »Hübsche Tasche, die da auf Ihrem Schreibtisch liegt, und so praktisch. Haben Sie die aus einem Laden in Stadt?«

Stefflinger blieb stehen und schaute sie seltsam an. Dann wanderte sein Blick von ihr zum offen stehenden Fenster und wieder zurück.

Letztendlich nuschelte er: »Die gehört mir nicht.«

»Wie kommt sie dann …«, begann Fanni, unterbrach sich jedoch, als ihr bewusst wurde, dass sie so nicht vorgehen konnte. Sie schluckte und fragte sich verzweifelt, wie sie Stefflinger – ohne ihn vor den Kopf zu stoßen – dazu bringen konnte, ihr die Antworten zu liefern, die sie brauchte.

Erstaunt hörte sie ihn sagen: »Ich habe die Tasche am Schlossberg gefunden. Gestern am späten Abend bei den Zuschauertribünen. Sie muss unter die Bestuhlung gerutscht sein. Selbstverständlich wollte ich sie zum Fundbüro bringen, aber das macht erst am Montag wieder –«

»Ah, wie ich sehe, will der Gastgeber unsere charmante Frau Rot ganz für sich allein haben«, wurde er von einer männlichen Stimme unterbrochen. »Das kann ich auf keinen Fall zulassen.«

Lothar Ziller war zu ihnen herübergekommen und knuffte Stefflinger mit einem gutmütigen Schmunzeln in die Seite. Im nächsten Augenblick sagte er jedoch auffallend ernst: »Linhart und Steber liegen sich in den Haaren. Haben wohl beide ein Glas zu viel.« Mit einer fast unmerklichen Kopfbewegung machte er Stefflinger auf eine Szene aufmerksam, die sich mitten auf einem Rasenstück abspielte.

Oliver Linhart, auch ohne Schminke und Räuberkluft durchaus attraktiv, und Martin Steber standen sich wie zwei Kampfhähne gegenüber.

Stefflinger verdrehte die Augen. »Die zwei haben sich ja noch nie leiden können.«

»Stimmt schon«, erwiderte Ziller. »Bei jeder Gelegenheit feinden sie sich an.« Offenbar wollte er noch etwas hinzufügen, schien aber nicht zu wissen, wie er sich ausdrücken sollte.

»Also alles wie immer«, sagte Stefflinger in einem Ton, der mehr als deutlich machte, dass ihn die Sache anödete.

Ziller schüttelte den Kopf. »Diesmal ist es schlimmer. Martin Steber steigert sich da in was rein.«

Stefflinger runzelte die Stirn, als hätte er eine schwierige Rechenaufgabe zu lösen. Plötzlich stieß er mit einer Behändigkeit, die Fanni ihm nicht zugetraut hätte, den rechten Zeigfinger in Richtung Lothar Ziller. »Sag jetzt nicht, der Steber behauptet, Linhart hätte seine Schwester ertränkt.«

»Doch«, kam es kaum hörbar von Ziller. Er wirkte beinahe beschämt, so als hätte er und nicht Steber diese Ungeheuerlichkeit in die Welt gesetzt. »Steber hat Linhart einen widerlichen Mörder genannt.«

Was für eine seltsame Wortwahl!

Stefflinger holte seinen Zeigefinger ein und drückte ihn sich nachdenklich ans Kinn. »Wie hat Linhart darauf reagiert?«

»Das ist es ja«, antwortete Ziller. »Provokant. Sieht ganz so aus, als würde die Sache auf eine Prügelei hinauslaufen. Wie gesagt, beide haben ein Glas zu viel. Du solltest nach dem Rechten sehen, Hans-Dieter. Anke macht sich schon Sorgen ums gute Geschirr, um die Kübelpflanzen und die Skulpturen. Am besten wirfst du die zwei Streithähne auf der Stelle raus.«

Stefflinger hob ratlos die Schultern. »Aber was tue ich, wenn sie nicht gehen wollen?«

Zillers Stimme wurde eine Nuance härter. »Das wäre dann Hausfriedensbruch.«

»Und dieses Wort lässt sie prompt verduften«, sagte Stefflinger trocken. Damit schlurfte er davon.

Ziller sah ihm mit einem fast mitleidigen Lächeln nach. »Ich mag ihn wirklich sehr, den Hans-Dieter. Ein netter Kerl und unheimlich klug, auch wenn man ihm das nicht unbedingt ansieht.« Er tippte sich an die Stirn. »Hat ganz schön was auf der Pfanne, glauben Sie mir. Mit tatkräftigem Handeln hat er's allerdings nicht so besonders. Aktionen bringen ihn aus dem Konzept.«

Fanni wusste nichts darauf zu sagen. Die Tasche, die Stefflinger gefunden haben wollte, spukte in ihrem Kopf herum und ließ für nichts anderes Raum.

Stefflinger hatte behauptet, sie am Schlossberg in den Zuschauertribünen entdeckt zu haben. Das konnte natürlich gelogen sein. Falls es aber stimmte …

Fanni kämpfte das Entsetzen nieder, das sie befiel, als sie sich die verhängnisvollste Schlussfolgerung daraus vor Augen hielt, und versuchte sich einzureden, es bedeute doch nur, dass Sprudel – falls es sich überhaupt um seine Tasche handelte – genau dort gewesen war, wo er hingewollt hatte. Er hatte die Tasche abgelegt, sie war unter den Sitz gerutscht, er hatte sie nicht mehr gefunden oder schlicht vergessen.

Was ihm schon mal gar nicht ähnlich sieht!

Ziller hatte sich ihr zugewandt, sah sie forschend und irgendwie erwartungsvoll an.

Small Talk, Fanni! Vor sich hin zu grübeln ist nicht angebracht auf Partys! Linhart und Steber waren übrigens gerade Thema!

Hastig sagte sie: »Es muss sehr belastend für Sie sein, dass der Hauptdarsteller mit seinem Kollegen Steber so gar nicht zurechtkommt.«

Ziller richtete seine wachen Augen noch eine Spur intensiver auf sie. »Die Sache hat schon bald ein Ende. Wie viele Vorstellungen haben wir heuer noch? Vier? Fünf? Dann können beide ihrer Wege gehen, brauchen sich nie wieder miteinander abzugeben. Oliver Linhart – ich gebe zu, er ist etwas anmaßend – wird, sobald sie eine neue Mehrzweckhalle haben, wieder für die Katzbacher spielen. Beruflich hat er sich sowieso längst nach Innsbruck orientiert. Da wird er auch bleiben, wird vollauf damit beschäftigt sein, sich als Architekt zu etablieren, und deswegen sogar über kurz oder lang seinen Posten im Rattenberger Bauausschuss aufgeben.« Ziller lächelte schalkhaft. »Eins muss man ihm lassen. Die Rolle des Räuber Faigl spielt er hervorragend.«

Fanni hatte nur mit halbem Ohr zugehört, und als Ziller verstummte, hatte sie wieder keine passende Bemerkung parat.

Erneut spürte sie seinen aufmerksamen, abwägenden Blick.

Im nächsten Moment sagte er: »Unser Angler hat mir anvertraut, dass Ihr Mann gestern Abend auf den Schlossberg gegangen ist, weil er Cornelia etwas zurückgeben wollte, und seither ...« Er stockte, als wage er nicht auszusprechen, dass Sprudel abgängig war.

»Haben Sie ihn dort gesehen?«, fragte Fanni hastig.

Ziller schürzte die Lippen. »Lassen Sie mich überlegen. Gestern Abend war ich spät dran. Ich bin in Innsbruck geschäftlich aufgehalten worden und wäre beinahe überhaupt nicht gekommen.« Sein Blick schweifte nun über eine mit Efeu bewachsene Mauer, als liefe darauf ein Film des gestrigen Abends ab. »Hinter den Kulissen herrschte eine Riesenaufregung. Jeder hat jeden nach Cornelia gefragt. Martin, Martin Steber, war völlig aus dem Häuschen, hatte aber Verstand genug, Lizzi rechtzeitig mitzuteilen, dass sie vielleicht für Cornelia einspringen müsse. Oliver Linhart war fuchsteufelswild, weil Martin die Vorstellung eigentlich lieber absagen wollte – zu einem Zeitpunkt, als die meisten Zuschauer schon auf ihren Plätzen saßen. Linhart behauptet sowieso schon seit einiger Zeit, dass Lizzi die Rolle der Räuberbraut besser spielen würde als Cornelia.« Zillers Blick kehrte zögernd und sichtlich bedauernd zu Fanni zurück. »Nein, Ihren Mann habe ich gestern Abend nicht gesehen.«

Unvermittelt fühlte Fanni sich wieder von jener Woge überspült, die sich diesmal recht eindeutig als Panikattacke identifizieren ließ.

Sprudel ist tot, pochte es in ihrem Kopf.

Und wo, bitte schön, ist seine Leiche?

Weggeschafft. Abtransportiert. Vernichtet.

Es gelang Fanni nur unzureichend, ein Stöhnen zu unterdrücken.

Ziller legte ihr sacht die Hand auf die Schulter. »Hofer hat vorhin mit dem Polizeichef gesprochen. Ich bin zufällig dabei gewesen. Es sind seit gestern keine Unfälle gemeldet worden, und es liegt auch kein Bericht über eine unbekannte verletzte Person in einem Krankenhaus der Umgebung vor.« Er strich leicht über ihren Oberarm und ließ die Hand dann sinken. »Unser Polizeichef hat Hofer versprochen, in aller Stille ein paar Nachforschungen anzustellen ...« Ziller verstummte eine Sekunde lang, als wäre ihm peinlich, was er hinzufügen musste. »Für eine offizielle Vermisstensuche ist es anscheinend noch zu früh.«

Abgängige Ehemänner und Lebenspartner werden nicht von Haus aus polizeilich gesucht! Da hätten die Bullen nämlich viel zu tun!

Fanni schloss einen kurzen Moment die Augen. Hofer hatte also bereits die richtigen Stellen angezapft. Aber warum hielt er diejenige Information zurück, durch die sich die Polizei vielleicht veranlasst sehen würde, intensiv nach Sprudel zu suchen?

Warum wohl? Denk doch ausnahmsweise mal nach, anstatt dir von Vorahnungen und solchem Hokuspokus den Verstand vernebeln zu lassen! Soll etwa ganz Rattenberg von dem Notizbuch erfahren? Wer weiß denn bisher, dass Sprudel es hat – oder hatte? Du, er, Hofer und diejenige Person, die die Übergabe beobachtet und verstanden hat, was sich abspielt!

Plötzlich spürte sie Zillers Hand an ihrem Rücken. »Kommen Sie.« Er dirigierte sie sanft in Richtung einer Gruppe, die um das Büfett stand. »Eine bessere Gelegenheit zu erfahren, wer Ihren Mann eventuell gesehen haben könnte, wird sich nicht mehr bieten. So gut wie alle, die gestern Abend auf dem Schlossberg waren, sind jetzt hier versammelt.«

Anke Stefflinger schaufelte quadratische Stücke Quiche auf weiße Porzellanteller und reichte sie ihren Gästen, die eifrig danach griffen. »Aber Frau Rot, Sie müssen auch davon probieren«, rief sie, als Fanni Anstalten machte, sich aus dem Fokus zu manövrieren. Dann lächelte sie aufmunternd. »Essen und Trinken hält Leib und Seele zusammen, sagt Hans-Dieter immer. Und recht hat er.«

Gehorsam nahm Fanni eine Portion Quiche entgegen, dann sah sie sich nach einem Platz um, wo sie den Teller abstellen konnte. Kurz entschlossen wählte sie einen Stehtisch unter einem Oleander, an dem ein junger Mann Würstchen mit Kartoffelsalat verzehrte.

Ist das nicht der, der in »Räuberg'schichten« den feschen Gendarmen spielt?

Fanni musterte ihn und pflichtete ihrer Gedankenstimme bei. Sie und Sprudel hatten sich vorgestern sogar eine Weile mit ihm unterhalten. Er hatte ihnen ein Programmheft verkauft.

»Adam« heißt er im Stück, dachte Fanni und bemühte sich um ein Lächeln.

Adam schluckte seinen Bissen Würstchen hinunter und schaute sie fragend an. »Sie wollen wissen, ob ich Ihren Mann gestern Abend auf dem Schlossberg gesehen habe?«

Es hatte also schon die Runde gemacht.

Was ganz offensichtlich von großem Vorteil ist! Wie sollte denn jemand eine Frage beantworten, die man ihm nicht gestellt hat?

»Stimmt's?«

Fanni schreckte zusammen, beeilte sich, bestätigend zu nicken.

»Ja«, sagte Adam. »Ich habe ihn gesehen.« Er machte eine kleine Pause, wirkte unschlüssig, dann fügte er hinzu: »Das Zusammentreffen war ein bisschen seltsam.«

Fanni sah ihn flehentlich an, brachte aber kein Wort heraus.

Rede, dachte sie beklommen, berichte mir jede Einzelheit.

Adam tat ihr den Gefallen.

»Die Vorstellung hatte gerade angefangen, deswegen waren sämtliche Scheinwerfer auf die Mitte der Bühne gerichtet, alles andere lag im Dunkel. Besonders der Weg, der zum Toilettenzugang und weiter auf die Kuppe führt, ist da immer richtig duster. Man kann kaum erkennen, ob sich dort jemand aufhält – jedenfalls nicht, wenn man auf der Bühne steht oder in den Tribünen sitzt.«

»Aber da waren Sie nicht«, sagte Fanni, als Adam innehielt.

»Nein«, erklärte er. »Ich bin bei den Toiletten gewesen, weil nach Beginn der Vorstellung immer einer von uns dort nachschaut, ob alles in Ordnung ist. Auf dem Rückweg habe ich zwei Männer gesehen. Wo sie hergekommen sind, kann ich nicht sagen. Ich hätte sie vielleicht gar nicht bemerkt, wenn wir an der Gabelung nicht direkt aufeinandergetroffen wären.«

»Und in einem von ihnen haben Sie meinen Mann erkannt?«, fragte Fanni.

Wie denn, wenn's stockfinster war?

»Ich würde schwören, dass er's war«, sagte Adam. »An der Gabelung hängt nämlich eine Laterne und macht einen kleinen Lichtfleck, sie dient sozusagen als Wegmarkierung und hat einen Moment lang sein Gesicht aufleuchten lassen. Mir ist sogar aufgefallen, dass seine Augen irgendwie durch mich hindurchgestarrt haben, als gäb's mich gar nicht. Das war wirklich seltsam.«

»Und der andere Mann?«, fragte Fanni. »Wer war der andere?«

Adam zuckte die Schultern. »Konnte ich nicht erkennen. Der ist voll im Schatten geblieben.«

Sprudel war also in Begleitung gewesen. In wessen Begleitung? Und warum meldete sich dieser Begleiter nicht? Wusste er nicht, dass Fanni nach ihrem Mann suchte? Oder hatte *er* Sprudel etwas angetan?

Sie hätte beinahe überhört, was Adam als Nächstes sagte: »... etwa gleich groß, aber stämmiger. Ja, viel stämmiger. Und es hat so ausgesehen, als hätte er Ihren Mann irgendwie untergehakt gehabt, als müsste er ihn stützen.« Adam blinzelte und wischte sich über die Augen. »Aber vielleicht täusche ich mich ja auch. Es war einfach nicht hell genug.«

Es herrschte eine Weile tiefes Schweigen, das Lothar Ziller jäh unterbrach.

Er trat mit einem vollen Teller an den Tisch. »Sie haben ja Ihre Quiche noch gar nicht angerührt.«

»Sprudel könnte entführt worden sein«, platzte Fanni heraus.

Ziller zuckte zusammen. »Um Gottes willen, was sagen Sie da? Entführt? Von wem denn? Wir befinden uns doch nicht irgendwo in Ostafrika.«

Allerdings! Bist du völlig verrückt geworden, solche Sachen hinauszuposaunen? Selbst wenn da was dran wäre, solltest du besser den Mund halten, falls du nicht als komplett irre abgeschrieben werden willst! »Sie starb in geistiger Umnachtung, gleichwohl mit viel Beachtung!«

Fanni presste die Kiefer aufeinander, um nicht aufschreien zu müssen.

Ziller sah sie höchst besorgt an.

Du solltest dir mal ganz flink ausdenken, wie du aus der Nummer wieder rauskommst!

»Alles in Ordnung, Fanni?«

Es tat auf einmal gut, diese Stimme zu hören, obwohl es sie enorm irritierte, dass Hofer sie mit Vornamen ansprach.

Fanni wollte ihm schon einen pikierten Blick zuwerfen, als ihr einfiel, dass sie zusammen hier aufgetaucht waren und wenn auch mittlerweile von den meisten Gästen nicht mehr für ein Paar, dann zumindest noch für gute Freunde gehalten wurden.

Trotz aller Bedenken hatte sie diesen Mann, von dem sie kaum etwas wusste – vor allem nicht, was ihn dazu trieb, sich in fremde Angelegenheiten zu mischen –, heute Morgen zu ihrem Verbündeten gemacht. Vermutlich hatte er ein Recht, sie zu duzen.

»Zeit zu gehen«, sagte Hofer förmlich, wobei er sich mehr an Ziller wandte als an Fanni.

Doch der wollte sie nicht fortlassen. Er rief sogar Stefflinger zu Hilfe, der soeben von der Straße her in den Innenhof trat. Offenbar hatte er Linhart und Steber – oder zumindest einen von ihnen – hinauskomplimentiert. »Hans-Dieter, du wirst doch nicht etwa erlauben, dass Hofer uns Frau Rot abspenstig macht?«

Auf Zillers Zuruf hin schüttelte Stefflinger erstaunlich lebhaft den Kopf. »Ohne ein Gläschen zum Abschied schon gar nicht.« Daraufhin begab er sich schnurstracks zu einem Fünfundzwanzig-Liter-Ballon mit Zapfhahn, in dem samtiger Rotwein schimmerte, und begann Gläser zu füllen. Aus jeder seiner Bewegungen sprach Routine.

Fanni eilte hinüber. »Ich kann wirklich nicht länger bleiben.«

Als Stefflinger ihr eins der Gläser reichen wollte, lehnte sie ab. »Verzeihen Sie mir, aber mich zieht es in unser Hotel. Womöglich ist mein Mann inzwischen zurück.«

Während sie auf die Straße traten, sagte Hofer: »Wir sollten uns am Schlossberg umsehen.« Weil Fanni nicht gleich antwortete, fuhr er fort: »Dort oben verliert sich Sprudels Spur. Insoweit decken sich alle Aussagen. Vor Beginn der Vorstellung hat man ihn in der Nähe der Bühne und auf dem Weg zur Kuppe gesehen. Nachher nirgendwo mehr.« Nach kurzem Überlegen setzte er hinzu: »Auch in der Pause scheint er schon nicht mehr da gewesen zu sein.«

Während sie die Innpromenade hinaufeilten, die sie zum Badhaus führen würde, berichtete Fanni, was Adam – dessen wirklichen Namen sie noch immer nicht kannte – ihr erzählt hatte.

Bevor Hofer einen Kommentar dazu abgeben konnte, fügte sie an: »Und Stefflinger hat höchstwahrscheinlich Sprudels Tasche.«

Hofer blieb so abrupt stehen, dass Fanni an ihm vorbeirannte. Rasch drehte sie um. »Angeblich hat er sie gefunden.«

»Donner und Doria«, rief Hofer viel zu laut. »Wo denn?«

Fanni sagte es ihm und zog ihn dabei schnell weiter, um kein Aufsehen zu erregen.

Am Badhaus bogen sie in die Inngasse ab, überquerten den Sparkassenplatz, hasteten durch den Malerwinkel und erreichten kurz darauf den Fuß des Schlossbergs.

Hofer drosselte abrupt das Tempo, ließ den Blick prüfend über den Wegrand streifen.

»Was hoffst du denn zu finden?« Das »Du« ging ihr nur stockend über die Lippen.

Willst du ihm nicht von deinem nächtlichen Ausflug hierher erzählen?

Widerstrebend tat Fanni es.

Während er zuhörte, weiteten sich Hofers Augen. Dann murmelte er etwas Unverständliches und wandte sich wieder dem grasigen Streifen am Wegrand zu.

Vermutlich hat er »beklopptes Weibsbild« gesagt!

»Also, was hoffst du zu finden?«, wiederholte Fanni.

»Irgendwas«, erwiderte Hofer abwesend. »Irgendetwas, das uns einen Hinweis darauf geben könnte, ob Sprudel tatsächlich entführt worden ist.«

Fanni fiel plötzlich das Atmen schwer. Was, wenn sie einen solchen Hinweis fanden?

Dann ist erstens die Polizei gefragt und zweitens kaum mehr zu bezweifeln, dass es zwischen dem Mord an der Wolters und Sprudels Verschwinden eine Verbindung geben muss!

Hofer war mittlerweile an einer Stelle stehen geblieben, wo der Weg sich etwas verbreiterte, sodass eine Ausbuchtung entstanden war. Er trat näher an den ausgetrockneten flachen Straßengraben heran und begann, zwischen knackenden Ästen und dürren Grasbüscheln herumzustochern. Einen Augenblick später rief er:

»Schau, Fanni. Schau dir das mal an.« Mit dem Zeigefinger malte er dreißig Zentimeter über dem Boden Kreise und Linien in der Luft. »Hier: Reifenabdrücke. Da: alles niedergetrampelt.«

Hält er Reifen- und Fußspuren am Straßenrand etwa für einen Hinweis auf eine Entführung?

Fanni beäugte die bezeichneten Stellen und fand die Spöttelei der Gedankenstimme berechtigt. Was Hofer da aufgespürt hatte, besagte gar nichts.

Die Spuren könnten sogar von dir und dem Taxifahrer stammen!

Das tun sie allerdings nicht, dachte Fanni. Das Taxi hat weiter oben angehalten. Oben auf dem Plateau.

»Meinst du wirklich«, fragte sie in deutlich zweifelndem Ton, »diese Abdrücke könnten entstanden sein, weil Sprudel hier gewaltsam in einen Wagen gezerrt wurde?«

Hofer nickte. »Ist es nicht naheliegend, nach allem, was wir bisher wissen? Schau, wie frisch sie sind, gut sichtbar, kaum Dreck drauf. Bestimmt sind die noch keinen Tag alt. Gestern Abend, ja, das könnte hinkommen.« Er richtete sich auf, blickte die Anhöhe hinauf und hinunter. »Seitdem wird kaum jemand hier heraufgefahren sein. Wie du ja recht gut weißt, ist die Straße für den allgemeinen Verkehr gesperrt. Nur ein paar wenige Leute mit Berechtigungsausweis dürfen sie befahren, und warum sollten die hier anhalten?«

Sein Blick folgte dem Sträßchen, bis es in das Plateau mündete, wo die Zuschauertribünen aufragten. »Steber hat so einen Ausweis. Er ist Zeugwart, deswegen muss er immer alles Mögliche transportieren.« Hofers Miene verfinsterte sich. »Linhart hat angeblich auch eine Fahrgenehmigung, jeder fragt sich, wie er sie sich verschaffen konnte. Günstlingswirtschaft bei der Stadtverwaltung, sagen sie im Anglerclub. Cornelia soll sich mächtig dagegen ins Zeug gelegt haben.« Er verstummte und wirkte auf einmal verwirrt. Offenbar hatte er den Faden verloren. Nach einigen Augenblicken schien ihm wieder einzufallen, was er hatte sagen wollen. »Wer also hier hochfährt, hat einen bestimmten Grund. Steber muss etwas in die Requisitenkammer bringen oder von dort holen, der Bühnenbauer kommt mit seinem Werkzeug, weil eine der Kulissen wackelt ... Keiner von denen macht hier halt, steigt aus dem Wagen und trampelt herum.«

»Vielleicht —«, begann Fanni, aber Hofer ließ sie nicht zu Wort kommen.

»Wenn einer von denen hätte pinkeln müssen, wäre er doch noch ein paar Meter weitergefahren. Es hätte ihn keine halbe Minute gekostet, dann wäre er sowieso am Ziel gewesen.« Hofers Blick war erneut zum Plateau gewandert, jetzt kehrte er zu Fanni zurück und fixierte sie. Sein Zeigefinger beschrieb wieder kleine Spiralen über dem niedergetretenen Gras. »Diese

Spuren in dieser kleinen Ausbuchtung hier, die man von oben nicht einsehen kann, sind kein Zufall. Denk an Sprudels Tasche, auf die der Täter vermutlich aus war. Sprudel hatte sie unter den Sitz getan, was der Kerl nicht wusste, folglich musste er sich mit Sprudel selbst beschäftigen.«

»Falls Stefflinger tatsächlich Sprudels Tasche hat und falls stimmt, was er gesagt hat«, wandte Fanni ein.

Hofer machte Miene, ihr beizupflichten, doch dann schüttelte er den Kopf und tat einen tiefen Atemzug. »So funktioniert das nicht«, sagte er streng. »Was glaubst du, wie weit wir kommen, wenn wir alle Informationen, die wir kriegen, von vornherein als falsch abtun? Keinen Schritt weit kommen wir, Fanni.«

Fanni wollte dagegenhalten, dass zwischen *als falsch abtun* und *mit Misstrauen begegnen* durchaus ein Unterschied war, aber Hofer sprach bereits weiter. »Außerdem fügt sich Stefflingers Aussage recht gut ein, wenn man sich mal durch den Kopf gehen lässt, wie sich die Sache abgespielt haben könnte.«

Wieder kam Fanni nicht zu Wort, weil Hofer bereits fortfuhr: »Der Letzte, der Sprudel gestern Abend, genau gesagt nach Beginn der Vorstellung, gesehen hat, ist der junge Mann, den du Adam nennst. Sprudel wird auf der Kuppe gewesen sein, von der aus man über die Stadt schauen kann. Er kommt in Begleitung eines kräftigen Mannes, der ihn anscheinend untergehakt hat, wieder herunter – und zwar zu einem Zeitpunkt, zu dem der Weg fast völlig im Dunkeln liegt.« Hofer hob die Hand, um sich Fannis voller Aufmerksamkeit zu versichern. »Das ist ein wichtiger Punkt. Sobald die Scheinwerfer nämlich ein größeres Segment als den Mittelteil der Bühne ausleuchten, ist auch der Weg heller. Sprudel kommt also in Begleitung herunter und ist wenig später wie vom Erdboden verschluckt. Aber« – Hofer maß die Entfernung mit den Augen – »etwa fünfzig Meter weiter unten, am Rand der Zufahrtstraße, die nur wenige befahren dürfen, finden sich auffällige Reifen- und Fußspuren.« Ein wenig trotzig fügte er hinzu: »Und in den Zuschauertribünen wird später Sprudels Tasche gefunden.«

Er machte eine Pause, sodass Fanni nun Gelegenheit zu einer Äußerung gehabt hätte, doch sie ließ sie verstreichen.

»Wir müssen uns also die Frage stellen: Was ist auf der Kuppe geschehen?«, sprach Hofer weiter. »Ist Sprudel überfallen und irgendwie schachmatt gesetzt worden, sodass er zwar laufen, sich aber nicht zur Wehr setzen konnte?«

Fanni antwortete nicht. Sie hätte ohnehin nur ein Krächzen hervorgebracht. Hofers Schlussfolgerungen klangen logisch – und zutiefst beängstigend.

Offenbar hatte er ihre Gedanken gelesen. »Sprudel *ist* dort oben angegriffen worden.« Er stach mit dem Zeigefinger in Richtung Straßenpflaster, als wollte er es perforieren. »Und an exakt dieser Stelle ist er in ein Auto verfrachtet worden mit der Absicht, ihn einer Befragung zu unterziehen.«

»Aber er weiß doch gar nichts«, sagte Fanni kläglich.

»Doch«, widersprach Hofer. »Er weiß, wo er Cornelias Notizbuch hingetan hat. Aber viel schwerer wiegt, dass sein Entführer davon ausgehen muss, Sprudel habe sich einiges zusammengereimt.«

So rächt es sich, dass Fanni Rot lieber herumgezickt hat, anstatt mit Sprudel zusammen die Einträge im Notizbuch zu studieren! Hätte sie das getan, dann käme ihr vielleicht allmählich eine Vorstellung davon, wie alles zusammenhängt!

»Dass eine Lösegeldforderung kommt, können wir wohl ausschließen?«, fragte Hofer unvermittelt.

Fanni lachte bitter auf. »Lösegeldforderung? Dafür sind wir ganz bestimmt nicht reich genug.«

Mit der Antwort offenbar zufrieden, setzte Hofer wieder zum Reden an, hielt aber plötzlich inne und horchte. Im nächsten Moment machte er einen Schritt zur Seite, zog Fanni mit sich und postierte sich mit ihr mitten im Graben.

Erst jetzt hörte auch Fanni den Wagen, gleichzeitig kam er in Sicht. Sie erkannte Cornelias Bruder Martin Steber am Steuer und registrierte, dass sich auf der Ladefläche Bretter stapelten.

Als der Wagen auf gleicher Höhe mit ihnen war, hielt Steber

an und ließ die Scheibe hinunter. »Hat Stefflinger alle seine Gäste rausgeschmissen?«

Hofers Antwort kam scharf. »Uns jedenfalls nicht. Und sonst auch niemanden – außer zwei verbohrten Streithähnen. Stefflinger ist bekanntlich die Gastfreundschaft in Person, solange man sie nicht mit Füßen tritt.«

Steber wirkte eine Sekunde lang betroffen, dann ging er zum Angriff über. »Einer muss Linhart ja Kontra geben. Was der sich alles herausnimmt. Nur weil wir heuer so dringend auf ihn angewiesen sind.« Halb zu sich selbst fügte er hinzu: »Unser eigener Hauptdarsteller im Streckverband und sein Ersatz malariakrank, unglaublich.« Wieder an Hofer gewandt fuhr er fort: »Cornelia hat ihn ja anfangs noch halbwegs an der Kandare gehabt, aber ...« Er war jetzt offensichtlich so wütend, dass er nicht weiterreden konnte. Sein Blick schoss unstet von Hofer zu Fanni, hetzte die Straße entlang, irrte zurück, blieb irgendwann auf dem zertrampelten Gras im Graben hängen.

Fanni fröstelte, obwohl es wieder so ein heißer Tag geworden war.

Martin Steber, dachte sie, muss nicht schauspielern, um den klassischen Verbrechertyp abzugeben. Der schwarze Vollbart, der dunkle Teint, der unbeständige Blick liefern die Steilvorlage dafür.

Und dazu seine Misanthropie! Hat die Wolters nicht davon gesprochen, dass er sich am liebsten mit Altpapier umgibt? »Er verabscheute jedes Wesen, hat zeitlebens nur gelesen!«

Fanni musste sich fast ein Lächeln verkneifen, als sie an einen Spruch auf einer Ansichtskarte dachte, die sie in einem Souvenirladen in Rattenberg gesehen hatte: »Ich hasse Menschen, Tiere und Pflanzen. Steine sind okay.«

»Ich glaube, er hat sie auf dem Gewissen«, stieß Steber hervor.

Es war nicht schwer zu erraten, wer mit »er« und wer mit »sie« gemeint war.

Hofer sah ihn mit gerunzelten Brauen an. »Du solltest vorsichtig sein mit solchen Beschuldigungen. Warum hätte er sie denn umbringen sollen? Wo ist denn das Motiv, Steber? Ist demnächst nicht schon die letzte Vorstellung? Danach hätten sich ihre – eure – Wege doch wieder getrennt. Keiner von euch hätte je wieder ein Wort mit Linhart reden müssen und umgekehrt genauso.«

»Darum geht es nicht«, gab Steber in gereiztem Ton zurück. »Nicht wenn man so eitel und skrupellos ist wie Linhart.« Er fixierte Hofer einige Augenblicke. »Haben sie dir im Anglerclub nicht erzählt, wie viele Mädchen er schon geschwängert und sitzen gelassen hat?«

Linhart ein Frauenheld, da schau her, dachte Fanni.

Warum nicht? Sieht er nicht blendend aus? Ein bisschen wie Robert Redford oder einer dieser anderen Kinohelden? Denen gesteht man ja auch eine Portion Selbstgefälligkeit zu! Auf solche Kerle fliegen die Frauen!

Nicht alle, verwahrte sich Fanni.

Neunzig Prozent!

Bevor Fanni ihrer Gedankenstimme widersprechen konnte, wurde sie durch Stebers erhobene Stimme aufgerüttelt. »Wir werden ja sehen, ob Linhart ein Alibi hat – eines, das standhält.«

Damit ging die Scheibe hoch, stoppte jedoch, als nur noch ein handbreiter Schlitz offen war. »Was macht ihr eigentlich hier?«

»Wir gehen spazieren«, antwortete Hofer in harmlosem Ton mit einer Geste, die den gesamten Schlossberg umfasste.

Steber sah ihn misstrauisch an, sagte jedoch nichts darauf und fuhr mit einem Ruck los.

Fanni und Hofer sahen dem Wagen eine Weile schweigend nach.

»Haben die beiden Familie?«, fragte Fanni, als er außer Sicht kam. »Steber und Linhart, meine ich.«

Hofer brauchte einen Moment, bis er die Antwort parat hatte. »Soweit ich weiß, sind beide geschieden und leben seitdem allein.«

Damit kehrte wieder Schweigen ein, bis Hofer sagte: »Wir

gehen doch eigentlich längst davon aus, dass Cornelias Notizbuch der Schlüssel zu allem ist. Du hast aber bisher noch mit keinem Wort erwähnt, was drinsteht.«

Fanni antwortete mit einem Achselzucken.

»Ihr werdet doch wohl hineingeschaut haben, du und Sprudel«, sagte Hofer merklich irritiert.

»Sprudel hat hineingeschaut«, erwiderte Fanni knapp.

»Na schön«, sagte Hofer. »Dann eben Sprudel. Und was hatte er dazu zu sagen?«

Fanni schluckte. Konnte sie Hofer tatsächlich trauen? Mit einem Mal kamen ihr wieder Zweifel. Was, wenn er ihr nur etwas vormachte, so tat, als wollte er sie unterstützen, in Wahrheit aber darauf aus war, über ihr Vorgehen genau im Bilde zu sein? Was, wenn er nur deshalb den Freund und Helfer spielte, um sie in eine bestimmte, von ihm gewünschte Richtung dirigieren zu können?

Das nennt man dann wohl Paranoia!

Sie musste sich erneut entscheiden: für oder gegen Hofer.

Gegen ihn würde bedeuten, du stehst allein da!

Nicht unbedingt, überlegte Fanni. Ich könnte die Polizei einschalten, ich könnte Lothar Ziller um Hilfe bitten oder Martin Steber.

Sie wollte gerade den Mund aufmachen, als sie merkte, dass sich Hofers Gesicht versteinert hatte.

»Verstehe«, sagte er. In seiner Stimme schwang Enttäuschung mit. »So weit geht dein Vertrauen nicht.«

Fanni legte ihm besänftigend die Hand auf den Arm. »Doch, das tut es.«

Sie fühlte, wie Hofer sich ein wenig entspannte, und fuhr eilig fort: »Sprudel hat gesagt, darin seien alte Rattenberger Gebäude aufgelistet.«

Hofer sah sie erstaunt an. »Was denn für Gebäude?«

Fanni versuchte, sich zu erinnern, welche Sprudel genannt hatte. Zögernd begann sie aufzuzählen: »Apothekerhaus, Nagelschmiedhäuser, Badhaus ...«

Hofers Stirn hatte sich in tiefe Falten gelegt. »Das Badhaus, die Nagelschmiedhäuser, das Badhaus, das Badhaus –«, wiederholte er mechanisch.

»Kannst du was anfangen mit der Auflistung?«, unterbrach ihn Fanni, um ihn wachzurütteln.

Hofer schien nicht zu wissen, was er antworten sollte. »Vielleicht. Ja, vielleicht. Um klar zu sehen, wären allerdings ein paar Recherchen notwendig.« Er schaute die Straße hinunter, als wolle er sich auf den Rückweg in die Stadt machen, entschied sich aber offenbar dagegen. »Zuvor sehen wir uns die Strecke an, die Sprudel entlanggegangen sein muss.«

Er heftete den Blick auf den Boden und setzte sich in gebückter Haltung in Bewegung.

Die Lupe fehlt, die Pfeife und die Deerstalker-Mütze! Ansonsten steht er Sherlock Holmes in nichts nach!

Fanni musste ihrer Gedankenstimme beipflichten.

Sie folgte Hofer mit gemischten Gefühlen. Was hatten ihm die Einträge in Cornelia Wolters' Notizbuch verraten? Was hoffte er, auf Sprudels Fährte zu finden?

Vor Stebers Auftauchen war er ein paar Minuten lang geradezu redselig gewesen, hatte argumentiert, reflektiert und Schlüsse gezogen. Nun verhielt er sich wieder so, wie sie ihn kennengelernt hatte: zugeknöpft und einsilbig.

Indessen schnüffelte Hofer am Wegrand herum, beugte sich prüfend über Graspolster, stocherte in Nestern trockener Zweige.

Fanni fühlte sich tatsächlich mit einer gewissen Wehmut an Conan Doyles berühmten erzbritischen Detektiv erinnert. Als in den sechziger Jahren die Sherlock-Holmes-Serie im Fernsehen lief, hatte sie keine einzige Folge davon versäumt.

Sie zuckte erschrocken zusammen, als von Hofer ein lautstarkes »Donner und Doria« kam.

Im nächsten Augenblick richtete er sich auf und wandte sich ihr zu. »Jetzt schau dir das wieder an.« Auf seiner ausgestreckten Hand lag ein silberner Schlüsselanhänger in Herzform. Auf dem Herz war eine Gravur zu erkennen.

Fanni mühte sich erfolglos ab, sie zu deuten. »Was sollen die Krakel denn darstellen?«

»Schriftzeichen«, mutmaßte Hofer.

»Ein spiegelverkehrtes R, ein X mit einem dritten Standbein in Mitte, senkrechte Balken, ein umgedrehtes N.« Fanni hatte gewisse Zweifel, ob es sich tatsächlich um Schriftzeichen handelte. »Chinesische sind es jedenfalls nicht.«

»Kyrillische vielleicht«, murmelte Hofer und bekam einen glasigen Blick, der sich irgendwo in der Ferne verlor. Schließlich tippte er vorsichtig auf den Verschluss. »Kaputt.«

Fanni ignorierte diese Feststellung. Auf einmal hatte sie genug von Hofers Verhalten. Was besagte der blöde Fund denn schon? Dass irgendwann irgendjemand seinen Schlüsselanhänger verloren hatte. Ein Hinweis auf Sprudels Verbleib war das bestimmt nicht.

Hofer hatte sich mittlerweile wieder ein Stück weiter bergwärts gearbeitet.

Fanni beeilte sich, aufzuholen. Als sie dicht neben ihm war, merkte sie, dass er leise vor sich hin redete.

Was brabbelt er denn da?

Zuerst glaubte Fanni das Wort »Badhaus« zu verstehen, dann das Wort »kyrillisch«. Sie erschrak, als Hofer sich ihr auf einmal zuwandte und laut sagte: »Es muss Strohmänner geben.«

Er ließ ihr jedoch keine Zeit, eine Erklärung für diese Äußerung zu fordern, sondern steuerte forschen Schrittes auf die Kuppe zu. Dort angekommen, rief er plötzlich: »Steber, du musst doch was darüber wissen.«

Fanni schaute sich um, weil sie meinte, Hofer hätte Cornelias Bruder gesehen, konnte ihn jedoch nirgends entdecken.

Niedergeschlagen trat sie in eine der beiden Ausbuchtungen, die wie Erker über den Dächern von Rattenberg hingen, und schaute hinunter.

Sie wollte Hofer ein paar Minuten Zeit geben, seine Gedanken zu sammeln. Vielleicht war er ja danach wieder in der Lage, vernünftig mit ihr zu reden. Sie nahm sich vor, dann aber nicht mehr lockerzulassen, bis er ihr mehr über sich, seine Beweggründe und seine Mutmaßungen erzählt hatte.

Einer dieser Beweggründe mochte wohl sein, dass Hofer daran

gelegen war, Cornelias Mörder auf die Spur zu kommen. Er hatte gesagt, dass er sie schätzte und gern näher gekannt hätte. So wie er sich zuvor für die Lebende interessiert hatte, interessierte er sich jetzt für die Tote – womöglich sogar noch mehr. Logischerweise machte er sich Gedanken über das Mordmotiv, das in ihren Notizen verborgen zu sein schien, die wiederum allem Dafürhalten nach für Sprudels Entführung verantwortlich waren.

Und da sagt sich der schlaue Hofer doch: Hab ich erst Sprudels Entführer, dann hab ich auch Cornelias Mörder! Wo steckt er denn eigentlich?

Fanni warf einen Blick über die Schulter. Weit konnte Hofer ja nicht sein.

Und warum siehst du ihn dann nicht?

Das war allerdings merkwürdig. Sie drehte sich um und musterte die Umgebung.

Links von ihrer Aussichtsplattform erstreckte sich ein kleines Wäldchen, aus dem man es rascheln hörte. Suchte Hofer dort nach Spuren?

Rechts um die Ecke befand sich – außer Sicht allerdings, weil durch dichtes Gebüsch davon getrennt – die zweite Aussichtskanzel. Auch von da war ein Scharren und Knacken zu hören.

Nachdenklich wandte sich Fanni wieder dem Ausblick und dem Panorama zu, das sich ihr bot.

Die Sonne war pflichtgemäß ein Stück nach Westen gewandert, stand jetzt direkt über dem Fluss und ließ ihn aufblitzen, als würden unter der Wasserfläche Feuerwerkskörper gezündet.

Über den Dächern der Stadt flirrte die Hitze.

Die Gipfel der Berge, die all das einschlossen, ragten in einen emailleblauen Himmel. Ihre Felsaufbauten wirkten wie poliert, ihre Flanken wie frisch begrünt.

Fanni hielt sich mit beiden Händen an dem niedrigen Geländer fest und beugte sich, so weit sie es wagte, darüber, um die verschachtelten Dächer und die schmalen Gassen des Malerwinkels ins Blickfeld zu bekommen.

Ein winziges Stück weiter noch und du kippst vornüber! »*Der Fall war tief, der Aufprall hart, was man noch fand, liegt hier verscharrt!*«

»Halt den Rand, Herrgott noch mal«, knurrte Fanni, war aber klug genug, die Warnung zu beherzigen. Sie behielt die Hände am Geländer und lehnte sich nun so weit zurück, wie ihre Armlänge es zuließ. Jetzt schien ihr die Sonne mitten ins Gesicht, blendete sie, sodass sie die Augen ein wenig zukneifen musste.

Das mochte der Grund dafür sein, dass sie den Körper, der von den Felsen stürzte, nur als Schatten wahrnahm und nicht weiter beachtete.

Erst als sie ein Krachen und Splittern hörte, beugte sie sich erneut vor und blickte wieder in den Malerwinkel hinab, denn von dort schien das Geräusch gekommen zu sein.

Aber alles wirkte wie zuvor. Die Dächer glänzten in der Sonne, die Gassen zeigten sich wie schwarz gefärbte Einschnitte. Auf einem silbrig schimmernden Blechdach machte sie einen hässlichen mannsgroßen dunklen Fleck aus.

Der vorhin noch nicht da gewesen ist!

Fannis Hände umklammerten das Geländer. Entsetzen fiel sie an wie eine blutrünstige Meute. Mit aller Macht versuchte sie, das Bild zu verdrängen, das stetig klarer wurde, je länger sie hinsah.

Der Fleck bildete eindeutig eine menschliche Gestalt ab, auch wenn die Gliedmaßen eigenartig verdreht waren und der Kopf in einem unnatürlichen Winkel zum Körper lag.

Allmählich differenzierten sich auch Farben. Die Beine steckten in grauen Hosen, der Oberkörper in einem blauen Poloshirt.

Hofer!

Sie schloss die Augen, um das Bild zum Verschwinden zu bringen.

Was nichts an den Tatsachen ändern wird! Hofer ist gut dreißig Meter tief abgestürzt! So einen Sturz überlebt man nicht.

Fanni riss die Augen wieder auf, ihr Blick kehrte zu dem Körper auf dem Blechdach zurück.

Dort unten lag Hofer, weil er von der zweiten Aussichtskanzel gestürzt war.

Sie rang nach Luft. Wie konnte das möglich sein? Hatte er sich zu weit über das eindeutig zu niedrige Geländer gebeugt und das Gleichgewicht verloren? War er so unbesonnen gewesen, so leichtfertig?

Schwer zu glauben.

Eben! Ist es nicht wahrscheinlicher, dass jemand nachgeholfen hat? Derjenige nämlich, dem ihr mit euren Nachforschungen in die Quere gekommen seid? Er wird sich allerdings nicht damit begnügen, nur Hofer zu beseitigen!

Von der anderen Aussichtskanzel war wieder ein Scharren und Rascheln zu hören. Schritte schienen näher zu kommen.

Hörst du es? Er ist schon auf dem Weg zu dir!

Fanni erstarrte. Sie klammerte sich mit beiden Händen an das niedrige Geländer, stand stocksteif da.

Festhalten wird dir nichts nützen! Lauf weg, Fanni! Versteck dich! Schnell!

Das war ein guter Rat. Fanni hätte ihn gern befolgt. Doch sie war unfähig, sich zu bewegen. Wie die gelähmte Beute einer Giftspinne erwartete sie reglos ihr Schicksal. Den Blick hielt sie starr auf Hofers verdrehten Körper gerichtet.

Irgendwo in der Nähe ertönte ein lauter Schrei, gefolgt von einem Krachen und hastenden Schritten.

Einen Moment lang hörte es sich so an, als würden diese Schritte sich entfernen, doch dann kamen sie doch wieder näher. Waren jetzt ganz nah. Erreichten sie. Hielten in ihrem Rücken inne. Von hinten legten sich zwei Arme um sie, drückten sie, hoben sie ein wenig an, sodass ihr Oberkörper sich gerade aufrichten musste.

Fanni kniff die Augen zu, presste die Kiefer aufeinander. Gleich würde sie abstürzen und einen Moment später nicht weit von Hofer entfernt aufschlagen. Dann würde sie nichts mehr spüren. Gar nichts. Nie wieder.

6

Sie hatte weder vom Sturz noch vom Aufschlag etwas mitbekommen. Aber sie musste tot sein. So wie Hofer tot war. Und Sprudel. Denn sie konnte seine Stimme hören. »Fanni.« Und sie konnte ihn spüren. Sein Atem streifte ihren Hals. »Das war knapp, Fanni.«

Was war knapp?

Ohne ihr Zutun öffneten sich Fannis Augen, ihr Kopf drehte sich zur Seite, ihr Blick fand Sprudels Blick. Er lockerte die Arme ein wenig, sodass sie sich zu ihm umwenden konnte. Dann drückte er sie wieder an sich.

Du bist nicht tot! Und Sprudel genauso wenig! Hofer allerdings schon!

»Hofer ist abgestürzt«, sagte Fanni dumpf. »Er lebt nicht mehr.«

Sprudel barg ihren Kopf an seiner Brust. »Ich weiß. Ich habe alles mitbekommen.«

Die Stille, die rundum geherrscht hatte, wurde unvermittelt durchbrochen. Vom Malerwinkel drang auf einmal Lärm zu ihnen herauf. Rufe, Schritte, Knirschen und Knarzen. In der Gasse darunter war es lebendig geworden. Eine Leiter erschien und wurde an die Dachkante gelehnt. Dort, wo der rechte Holm zwei Handbreit über die Kante hinausragte, lag etwas Längliches in brauner Farbe.

Ein Schuh! Es ist bloß ein Schuh!

Seltsamerweise war es dieser unscheinbare, eigentlich nebensächliche Schuh, der Fannis rationales Denken wieder einigermaßen in Gang brachte.

Vom unten waren nun Stimmen zu vernehmen.

Am Ende der Leiter tauchte der Kopf eines jungen Mannes auf. Im nächsten Augenblick kamen seine Hände zum Vorschein, dann die Schultern, der Oberkörper. Kurz darauf sah Fanni den Burschen über die Dachkante klettern. Mit zwei großen Schritten gelangte er zu der menschlichen Gestalt, die Fanni auf einmal unwirklich schien.

Träumte sie das alles?

Ein Alptraum, zweifellos! Nur leider ein realer.

Fanni schaute zu, wie sich der Bursche über Hofers reglosen Körper beugte, ihn berührte.

Einige Sekunden lang war es so still, als hielte der gesamte Malerwinkel die Luft an.

Erst als sie Blut schmeckte, merkte Fanni, dass sie ihre Schneidezähne in die Unterlippe gegraben hatte.

Plötzlich richtete sich der junge Mann wieder auf und rief jemandem, den Fanni nicht sehen konnte, etwas zu.

Hast du verstanden, was er gesagt hat?

Fanni hatte die Worte gehört.

»Da ist nichts mehr zu machen«, hatten sie gelautet.

»Wir müssen weg hier«, sagte Sprudel.

Fanni sah ihn verdattert an. Sie musste bei der Polizei, die sicherlich gleich hier oben erscheinen würde, eine Aussage machen. Das war sie Hofer schuldig. Trug nicht sie die Schuld an seinem Tod, in gewisser Weise jedenfalls?

Im weitesten Sinne könnte –

Eben, dachte Fanni. Und deswegen bin ich verpflichtet, zur Aufklärung seines Todes beizutragen, was immer ich kann.

Und hatte Sprudel nicht gesagt, er hätte alles mitbekommen? Dann war der Täter ja schon so gut wie überführt.

»Fanni, gleich ist es zu spät«, drängte Sprudel.

Wo kam er eigentlich auf einmal her? Jetzt, in dieser Minute?

Warum klärst du das nicht, bevor du der Polizei Auskünfte gibst?

Fanni nickte mechanisch. Womöglich war es für ihre Aussage ganz entscheidend zu wissen, was Sprudel beobachtet hatte, wo er letzte Nacht gewesen war und was ihn daran gehindert hatte, sich zu melden.

Also nichts wie weg!

Hand in Hand rannten sie auf das kleine Wäldchen zu, das rechts des Weges lag.

Kaum waren sie darin eingetaucht, hörten sie von der Kuppe

her Lärm. Etliche Leute mussten inzwischen oben angekommen sein.

Einem fast zugewucherten, kaum sichtbaren Pfad folgend, stolperten Fanni und Sprudel durchs Gehölz. Zweige peitschten ihnen ins Gesicht, Dornen rissen ihnen die Haut an den Armen auf.

Nach etwa zehn Minuten erreichten sie eine Felskante.

»Bleib hier stehen«, sagte Sprudel und ließ ihre Hand los. »Ich muss näher an den Rand, damit ich sehen kann, ob wir runterklettern können.«

Er trat ein paar Schritte vor und blickte hinunter.

Stirnrunzelnd kam er zurück. »Wenn überhaupt, dann dort drüben.« Er deutete nach links. »Aber einfach wird es nicht.« Fragend schaute er sie an.

Er lässt dir die Wahl! Rückzug oder Kletterpartie?

Für Rückzug hatte Fanni sich noch nie gern entschieden.

Diesmal könntest du es tun!

Und was würde ich mir damit einhandeln?, überlegte sie. Verdächtigungen noch und noch. Anklagen. Untersuchungshaft.

Sie war nur wenige Minuten vor seinem Absturz mit Hofer zusammen gesehen worden, hatte kurz darauf versucht, von der Absturzstelle zu fliehen.

Und was war mit Sprudel? Offenbar hatte auch er sich in Hofers Nähe befunden, als es passierte.

Die Polizei würde versuchen, euch einen Strick daraus zu drehen – völlig zu Recht und wahrscheinlich mit Erfolg!

Sie und Sprudel würden Erklärungen über Erklärungen abgeben müssen, die ihnen nicht abgekauft werden würden. Da war es allemal besser, eine senkrechte Felswand hinunterzukraxeln.

Als senkrecht erwies sie sich schließlich doch nicht.

Der Felsabbruch hatte an der von Sprudel bezeichneten Stelle eine Neigung von höchstens fünfunddreißig Grad und war von Buschwerk durchsetzt. Die robusten, erstaunlich elastischen Zweige eigneten sich gut als Haltegriffe. Das Gestein zeigte sich rau und bot festen Halt.

Trotzdem war es nicht ganz so einfach.

Irgendetwas Stacheliges riss einen Fetzen aus Fannis Hose und schlitzte die Haut an ihrer Wade auf. Ein spitzer Stein bohrte sich in ihren Handballen, eine zurückschnellende Ranke klatschte ihr ins Gesicht.

Sprudel traf es noch ärger. Auf den letzten Metern verlor er den Halt, kugelte einen Kahlschlag hinunter und landete unsanft in einer ehemaligen Feuerstelle.

Als er aufstand, war sein Hosenboden rußgeschwärzt.

Was nicht mehr viel Unterschied macht! Seine Kleidung hat vorher schon ausgesehen, als hätte er darin in der Kanalisation übernachtet!

Blessuren hin und Schmutzflecken her, sie hatten es geschafft und stellten fest, dass in geringer Entfernung von ihnen ein gut erhaltener Pfad querte.

Dem folgten sie etwa zehn Minuten, dann erreichten sie eine Stelle, die Fanni wiedererkannte. An dem Abend, an dem sie die Vorstellung besucht hatten, waren sie und Sprudel hier entlangspaziert.

Sie zeigte nach links. »Wir müssen da runter, dann kommen wir durch das Westtor in die Stadt. Mit etwas Glück treffen wir nicht einmal jemanden, weil vermutlich alles auf die Ostseite zuströmt, um in den Malerwinkel zu gelangen. So ein Unglück spricht sich schnell herum.«

Ohne Zögern schlug Sprudel die bezeichnete Richtung ein.

Es war, wie Fanni gesagt hatte. Unbehelligt erreichten sie das westliche Stadttor, durchschritten es und hielten auf die Innpromenade zu.

Unter einer Baumgruppe machte Sprudel halt und nahm Fanni in die Arme.

Sie schmiegte sich an ihn. »Wo bist du nur gewesen?«

»Ich weiß es nicht«, erwiderte er heiser.

Fanni löste sich von ihm und sah ihn ungläubig an. »Das weißt du nicht?«

Statt einer Antwort zog er sie wieder an sich und presste seine Wange auf ihr Haar.

Erneut rückte Fanni von ihm ab, blickte ihm forschend ins Gesicht und erschrak.

Sprudel sah fürchterlich aus. Seine Wangenfalten, ohnehin tief und zahlreich, hatten Ausläufer gebildet, die sich über die Mundpartie zogen, die Nasenflügel umrahmten, die dünne Haut unter den Augen plissierten.

Übernächtigt, ungewaschen, mit Schrammen übersät! Wo hat er sich bloß rumgetrieben?

Unwichtig im Moment, entschied Fanni und sagte entschieden: »Wir gehen jetzt in unser Hotel, duschen, ziehen uns um und reden. Dann melden wir uns bei der Polizei.«

Rund ums Inntor waren etwas mehr Menschen unterwegs als auf der Promenade. Wie vermutet eilten die meisten in Richtung Malerwinkel. Fanni fragte sich, ob man Hofers Leiche inzwischen geborgen hatte. Sie hoffte es, wünschte, man hätte seinen Körper den Blicken der Neugierigen entzogen.

Dort und da hatten sich Grüppchen zusammengefunden. Fanni entdeckte ein paar Leute, die sie zuvor auf dem Gartenfest gesehen hatte. Immer wieder schnappte sie Satzfetzen und einzelne Wörter auf.

»… abgestürzt …« – »… zig Meter …« – »… am Schlossberg …« – »… Felsenkanzel …« – »… pfeilgerade in den Malerwinkel …« – »… auf der Stelle tot gewesen …« – »… Kramsacher Feuerwehr … Leiche bergen …« – »Drehleiter … Rettungskorb …«

Immer mehr Menschen drängten in die Stadt, sodass Fanni und Sprudel, die aus der Stadt hinauswollten, kaum mehr vorwärtskamen.

Plötzlich spürte Fanni ein Kribbeln, als bohrten sich Blicke in ihren Nacken. Sie blieb stehen und sah sich um.

Die Leute, die soeben an ihr und Sprudel vorübergegangen waren, wandten ihnen den Rücken zu, liefen weiter. Eine Frau trat aus einer Haustür, kreuzte die Straße, verschwand in einer Gasse. Ein Junge schob sein Fahrrad an einen Laternenpfahl und kettete es daran fest. Ein Mann mit Hund, der vom Innufer heraufspaziert war, musste haltmachen, weil das Tier unbedingt in einer Mauernische herumschnüffeln wollte. Der Mann machte eine bedauernde Geste und zog es weiter.

Fanni schaute genauer hin. Als der Hund wegsprang, sah sie Springerstiefel. Darüber dunkle Hosen und ein dunkles Hemd.

Da will wohl einer nicht entdeckt werden!

Fanni mühte sich, der aufsteigenden Panik Herr zu werden. War derjenige, der Hofer getötet hatte, nun hinter ihr her? Oder hinter Sprudel?

Vermutlich steht ihr beide auf seiner Abschussliste!

Sprudel legte ihr den Arm um die Schultern. »Wir sollten in Bewegung bleiben.« Offenbar spürte auch er die Gefahr.

Sie kämpften sich durch, steckten ein paar Rempler ein, ernteten unwillige Blicke.

»Er kann doch nicht einfach so von der Aussichtskanzel gefallen sein«, hörte Fanni einen sportlich gekleideten Glatzkopf sagen. »Der Hofer doch nicht. Niemals.«

»Du meinst, er ist gesprungen?«, fragte sein Begleiter, ein langer Dünner im Khakihemd.

»Bist du verrückt?«, erwiderte der Glatzkopf ärgerlich. »Da muss einer nachgeholfen haben.«

Tränen traten in Fannis Augen. Hofer hätte gewiss nicht sterben müssen, hätte er nicht versucht, ihr zu helfen. Sie hatte ihm den Tod gebracht.

Richtig! Hofer könnte jetzt gemütlich am Reintaler See sitzen und angeln, hätte er gestern Abend nicht das Pech gehabt, Fanni Rot über den Weg zu laufen. Jener berüchtigten Fanni Rot, die just wieder eine Leiche entdeckt hat!

Fanni wischte sich mit dem Handrücken über die Augen.

Als sich ihr Blick klärte, sah sie Emmi Schwan auf sich zukommen. Für ein Ausweichmanöver war es bereits zu spät.

Frau Schwan sah sie vorwurfsvoll an. »Wie hat denn so etwas Schreckliches passieren können?«

Fanni machte eine hilflose Geste.

»Sind Sie denn nicht bei ihm gewesen, als er abgestürzt ist? Sie und Hofer waren doch die ganze Zeit miteinander unterwegs. Am Vormittag sind Sie zusammen in die Bücherei gekommen, und später habe ich Sie beide beim Brunch in Stefflingers Garten gesehen.« Sie fuhr sich durch die Haare und sagte dann halb zu sich selbst: »Der ja heuer eine Gedenkfeier für Cornelia gewesen sein soll.« Als sie die Hände sinken ließ, fiel ihr Blick auf Sprudel. »Ihr Mann ist also wieder aufgetaucht.«

Es war definitiv keine Frage, sondern eine Feststellung, sodass sich Fanni eine Antwort darauf ersparte.

Doch was Emmi Schwan als Nächstes von sich gab, verlangte wohl eine. »Was zum Teufel ist dem Hofer denn zugestoßen?« Ihr Blick nagelte Fanni am Bordstein fest.

Fanni schluckte. »Ich bin ... ich konnte nicht sehen, wie das Unglück passiert ist.«

»Ach nicht«, erwiderte Emmi Schwan in einem Ton, der deutlichen Argwohn ausdrückte. »Ich bin mir sicher, dass er seinen Verstand weit genug beisammenhatte, um nicht von der Aussichtskanzel hinunterzufallen. Oder wollen Sie etwa behaupten, Hofer war nicht ganz bei Trost?« Ihr Blick wurde drohend.

»Ganz und gar nicht«, beeilte sich Fanni zu versichern.

Emmi Schwan maß sie von Kopf bis Fuß, ihre Augen weiteten sich kurz, als sie den Zustand ihrer Kleidung registrierte. »Haben Sie sich bei der Polizei gemeldet?«

Fanni schluckte. »Sobald mein Mann versorgt ist, mache ich meine Aussage.« Kraftlos fügte sie hinzu: »Es geht ihm nicht gut. Er hat sich verletzt.«

Emmi Schwan nahm Sprudel ins Visier. Nachdem sie ihn eine Weile gemustert hatte, wurde ihr Blick ein wenig weicher.

Fanni stöhnte innerlich. Nun würde sie gleich mit dem Verhör beginnen.

Aber Frau Schwan sagte bloß: »Lassen Sie sich nicht zu viel Zeit damit.«

Es überraschte Fanni, dass sie sich daraufhin abwandte und eilig die Straße überquerte. Sie blickte ihr verwundert nach und sah, dass beim Badhaus drei Männer um die Ecke gebogen waren. Emmi Schwan trat ihnen hastig in den Weg und fing an, auf einen von ihnen einzureden. Er legte ihr die Hand auf die Schulter und nickte ein paarmal. Als er sich kurz seinen Begleitern zuwandte, sah ihn Fanni im Profil und erkannte ihn.

Lothar Ziller.

Offenbar hatte Ziller sich eilig von den beiden anderen verabschiedet, denn die gingen weiter, während er sich mit Frau Schwan unterhielt. Es schien, als wolle er sie beschwichtigen.

Mittlerweile hatte Fanni auch Zillers Begleiter identifiziert: Oliver Linhart und Sigi Kamm. Linhart fuchtelte mit den Händen und sagte etwas zu Kamm, das recht barsch klang.

Sigi Kamm blieb abrupt stehen und schien nun seinerseits Linhart Vorhaltungen zu machen.

Fanni hätte gern gewusst, was er sagte. Doch die beiden waren zu weit entfernt.

Mach dich halt näher ran!

Fanni hakte sich bei Sprudel ein und ging auf Kamm und Linhart zu, bis sie in Hörweite waren.

Die redeten aufeinander ein, schienen nicht auf ihre Umgebung zu achten.

»Du bist verrückt, das ist viel zu riskant«, sagte Sigi Kamm gerade. »So weit kann ich nicht gehen. Damit fliege ich auf.«

»Dann denk dir was anderes aus«, zischte Linhart. »Wir brauchen den Wisch.«

Kamm wollte ihm gerade scharf entgegnen, als er auf Fanni und Sprudel aufmerksam wurde. Er eilte mit ausgestreckter Rechter auf sie zu. »Ah, Frau Rot. Wie schön, Sie wiederzusehen. Erinnern Sie sich? Wir haben uns auf Stefflingers Gartenfest kennengelernt.« Er wandte sich Sprudel zu. »Und das muss Herr Sprudel sein, um den Sie sich so große Sorgen gemacht haben, wie man hört.«

Bevor Fanni eine passende Antwort parat hatte, sprach er bereits weiter. »Darf ich Ihnen Oliver Linhart vorstellen? Er spielt die Hauptrolle in ›Räuberg'schichten‹. Oder haben Sie sich schon früher mit ihm bekannt gemacht?«

Fanni und Sprudel schüttelten Linhart die Hand, murmelten Banalitäten wie »tolle Aufführung«, »was steht denn nächstes Jahr auf dem Programm« und weitere Floskeln.

Irgendwann konnten sie sich loseisen.

Nachdenklich steuerte Fanni auf die Innbrücke zu.

Linhart hatte sich anscheinend nicht nur bei einigen Mitgliedern des Laienspielvereins denkbar unbeliebt gemacht. Auch mit Sigi Kamm schien er massive Meinungsverschiedenheiten zu haben.

Fanni fragte sich, mit wem noch.

Gab es außer Martin Steber, der Linhart offen attackierte, Cornelia Wolters, die alles darangesetzt hatte, Linhart in die Schranken zu weisen und dennoch bis zum Ende der Festspiele bei der Stange zu halten, und diesem Schwätzer Sigi Kamm noch mehr Leute, mit denen der Kerl sich zoffte?

Gab es so etwas wie feindliche Lager, zwischen denen Ziller zu vermitteln suchte?

In seinem eigenen Lager scheint Linhart ziemlich allein zu stehen!

Wohl kaum, dachte Fanni. Sicherlich hat er ein paar Anhänger. Das wäre zum Beispiel diese Lizzi, die er offenbar protegiert.

Ein Machtkampf also, der eskalierte oder bereits eskaliert war. Weshalb?

Wie Ziller gesagt und auch Hofer erwähnt hatte, war es doch nur eine Frage der Zeit, bis Linhart sich wieder von der Truppe trennen und wie schon zuvor eigene Wege gehen würde.

Was nichts daran ändert, dass Steber und Linhart sich spinnefeind sind, und das nicht erst seit Kurzem! So wie Steber über Linhart redet, hat er ihn schon lange auf dem Kieker!

Fanni dachte darüber nach und kam zu dem Schluss, der offenbar seit Längerem schwelende Streit zwischen Linhart und Steber müsse durch irgendein Ereignis mit neuem, explosivem Zündstoff versorgt worden sein.

Derart im Grübeln versunken, hätte sie beinahe die Abzweigung zum Ortsteil Badl verpasst. Als sie einbogen, musste sie daran denken, wie Hofer sie am Abend zuvor durch die Dunkelheit geleitet hatte.

Und jetzt war er tot.

Fanni schluckte hart. Hätten sie und Hofer mit einem Anschlag auf ihr Leben rechnen und sich entsprechend umsichtig verhalten müssen? Die Antwort darauf lautete fraglos Ja.

Von Selbstvorwürfen gepeinigt stöhnte sie auf. Erneut legte ihr Sprudel den Arm um die Schultern, drückte sie kurz an sich.

Er war die ganze Zeit schweigend neben ihr hergelaufen, hatte ihr die Führung überlassen, schien mit eigenen Gedanken beschäftigt.

Das ist zu milde ausgedrückt! Richtig müsste es heißen: Er wirkt wie ein Zombie!

Fanni hätte ihn wirklich gern gefragt, was ihm widerfahren war und wie es kam, dass er sich exakt zu dem Zeitpunkt, an dem Hofer abgestürzt war, auf dem Schlossberg befunden hatte.

Doch sie zwang sich dazu, noch etwas Geduld aufzubringen. Sprudel war im Moment einfach nicht in der Verfassung, Rede und Antwort zu stehen.

Fast apathisch folgte er ihr ins Hotel, durchs Foyer, die Treppe hinauf und in ihr gemeinsames Zimmer.

Fanni schob ihn in das recht kleine Bad. »Denkst du, du kommst zurecht?«

Er nickte.

Fanni zögerte noch kurz, dann schloss sie die Tür und überließ ihn erst einmal sich selbst.

Als sie in der Dusche das Wasser rauschen hörte, rief sie den Zimmerservice an, bestellte Tee, belegte Brötchen und zwei Flaschen Mineralwasser.

Dann trat sie ans Fenster, atmete tief durch und starrte hinaus, bis das Wasser in der Dusche wieder abgedreht wurde. Daraufhin ging sie zum Kleiderschrank und suchte frische Unterwäsche, eine leichte Hose und ein Sommerhemd für Sprudel heraus. Mit der Kleidung über dem Arm betrat sie das Badezimmer.

Wäre sie noch eine Minute länger am Fenster stehen geblieben, dann hätte sie den stämmigen Kerl in Springerstiefeln und dunkler Kleidung bemerkt, der wachsam die Straße herunterkam und die Fassade des Hotels studierte.

Sprudel stand vor dem Spiegel und trocknete sich ab, wobei er ihr den Rücken zuwandte.

Fanni stieß einen Entsetzenslaut aus.

Erschrocken drehte Sprudel sich zu ihr um.

Als sie wortlos auf seinen Rücken zeigte, bemühte er sich um ein Lächeln. »Halb so schlimm. Nur ein paar Schrammen. Ich spüre die Kratzer kaum. Bloß das hier tut ekelhaft weh.« Er deutete auf eine Stelle oberhalb der rechten Pobacke.

Fanni warf einen prüfenden Blick darauf, versagte sich eine Bemerkung und begann stattdessen, in ihrer Toilettentasche nach der Wundsalbe zu kramen.

Als sie den Verschluss aufschraubte, rutschte ihr dann doch die Frage heraus: »Wo kommt das denn her?«

Sprudel lachte verlegen auf. »Vom Rest eines abgebrochenen Zweiges, der aus einer Astgabel ragte.«

Kann es sein, dass er nicht mehr richtig tickt?

Bevor sie erfahren sollte, wie es Sprudel in den vergangenen vierundzwanzig Stunden ergangen war, klopfte ein Zimmermädchen und brachte das Bestellte.

Es war gerade wieder fort, als Sprudel frisch angezogen aus dem Bad kam und Fanni die begehrlichen Blicke registrierte, die er dem Teller mit den appetitlich angerichteten Brötchen zuwarf.

»Hunger?«

»Wölfisch.«

»Klingt, als hättest du lang nichts mehr zu essen bekommen.«

»Wochen, wenn stimmt, was mein Magen mir weismachen will.«

Fanni bat ihn, schon mal zuzugreifen. »Ich bin gleich wieder da und leiste dir Gesellschaft.«

Es wird schon ein Weilchen dauern, bis du wieder vorzeigbar bist! Deine zerrissene Hose und alles, was Sprudel angehabt hat, steckst du am besten in den Mülleimer!

Als sie aus dem Badezimmer zurückkehrte, vertilgte Sprudel soeben sein drittes Brötchen. Sie setzte sich ihm gegenüber, schenkte sich Tee ein, musterte ihn eine Weile, kam zu dem Ergebnis, dass er um einiges besser aussah, und sagte dann trocken: »Also, was war?«

Sprudel schluckte den letzten Bissen hinunter und begann zu erzählen.

Lange, sehr lange hörte ihm Fanni schweigend zu.

Irgendwann endete Sprudels Bericht, und Fanni rief fassungslos: »Du hast keine Ahnung, wer dich entführt und wie sich die Sache abgespielt hat?

»Man nennt das wohl Black-out«, antwortete Sprudel betreten. Es schien ihm peinlich zu sein, dass er sich derart hatte überrumpeln lassen.

Fanni legte ihm beschwichtigend die Hand auf den Arm. »Du kannst nichts dafür. Wie hättest du denn auf den Gedanken kommen sollen, dass so etwas passieren könnte?«

Sprudel strich sanft über ihre Finger. »Es muss unheimlich schnell gegangen sein.«

Klar, ein Schlag auf die Birne, ein winziger Stich in die Halsvene, und schon geht im Hirn das Licht aus!

»Was ist denn das Letzte, woran du dich erinnerst, bevor du in diesem Verlies aufgewacht bist?«, fragte Fanni beschwörend.

»Hab ich dir doch schon gesagt«, antwortete Sprudel müde. »Ich wollte abwarten, bis Cornelia Wolters auftauchen würde. Darauf, dass sie tot sein könnte, bin ich natürlich nicht gekommen. Niemand ist auf so etwas gekommen. Alle meinten, sie wäre einfach von irgendetwas oder irgendwem aufgehalten worden. Ich habe mir also einen Platz gesucht, die Tasche abgelegt –«

»Wo?«, unterbrach ihn Fanni.

»Na, auf dem Sitz.« Sprudel wirkte verwirrt. »Ich wollte ihn mir damit reservieren. Wenn ich eine Jacke dabeigehabt hätte, dann hätte ich die hingelegt. Außerdem habe ich mir nichts dabei gedacht, die Tasche liegen zu lassen. Es war ja nichts Wertvolles drin.«

Fanni nickte ihm ermunternd zu. »Dann bist du zu den Toiletten gegangen.«

»Da muss es passiert sein«, sagte Sprudel. »Ich erinnere mich daran, dass ich in das Gebäude hineingegangen, aber nicht, dass ich wieder herausgekommen bin.«

Der Täter musste ihm zu den Toiletten gefolgt sein und ihn dort überfallen haben. Dann hatte er ihn ein Stück weit weggeführt, hatte abgewartet, bis der Weg im Dunkeln lag, und ihn dann zu dem Wagen gebracht, der unterhalb des Plateaus wartete.

Vermutlich mit einem Komplizen am Steuer!

Womit haben wir es hier bloß zu tun?, fragte sich Fanni. Zwei Morde, eine Entführung. Solche Verbrechen wurden nicht wegen ein paar Querelen hinter der Laienspielbühne begangen.

Sondern?

Hofer hatte eine Vermutung gehabt. Vielleicht sogar schon Gewissheit. Aber was auch immer ihm klar geworden war, würde niemand mehr erfahren.

Sprudel hatte die Arme auf der Tischplatte gekreuzt, den Kopf darauf sinken lassen und war eingenickt.

Fanni rüttelte ihn wach. »Wieso habe ich das Gefühl, Hofer war kein Fremder für dich?«

Sprudel sah auf und blickte sie verwirrt an. Es dauerte eine ganze Weile, bis ihm einzufallen schien, dass Fanni gravierende Erinnerungslücken hatte. »Hofer und ich waren früher Kollegen. Jahre später hat er uns in einer Mordsache – wir beide haben damals rund um den Großen Falkenstein ermittelt – wichtige Informationen geliefert.«

»Er kannte mich?«, rief Fanni.

»Recht gut sogar. Deswegen muss er dich bei eurem Zusammentreffen am Innufer sofort wiedererkannt haben und beträchtlich irritiert gewesen sein, dass du dich nicht an ihn erinnerst. Kein Wort darüber zu verlieren, sieht ihm allerdings ähnlich. Hofer war niemand, der mit der Tür ins Haus fiel. Er beobachtete, wartete ab, sammelte Eindrücke.« Sein Kopf sank wieder auf die gekreuzten Arme.

Das erklärt ja einiges! Hofer wusste nicht, woran er mit dir war, wollte dich und Sprudel aber auf keinen Fall im Stich lassen!

Er hatte die Frage, weshalb Fanni ihn wie einen Fremden behandelte, einfach auf Eis gelegt und sich in die Ermittlungsarbeit gestürzt. Sein Engagement hatte er mit dem Leben bezahlt.

Was aber hatte er herausgefunden? War ihm auf Stefflingers Gartenfest schon etwas untergekommen, das ihn auf eine brauchbare Spur brachte?

Erneut rüttelte sie Sprudel wach. Er hatte ihr erzählt, dass er sie und Hofer die ganze Zeit beobachtet hatte; dass er sogar, nachdem man ihn vom Tor vertrieben hatte, auf einen Baum hinter der Umfassungsmauer geklettert war, um einen guten Überblick zu haben. »Hat dieser Tattoo-Mann, den du erwähnt hast, auch mit Hofer gesprochen?«

»Tattoo-Mann?«

»Du hast mir doch erzählt, dass du von deinem Baum aus so einen Kerl gesehen hast, der über und über tätowiert war. An den Armen, am Hals. Du hast gesagt, die Schnörkel, Spiralen, Schlangenlinien und komischen Schriftzeichen, von denen manche wie verkehrt herum geschriebene Buchstaben aussahen, haben vermutlich seine ganze Brust bedeckt. Erinnerst du dich?«

»Natürlich«, murmelte Sprudel. »Er ist gleich mit Stefflinger im Haus verschwunden und erst nach längerer Zeit wieder erschienen.«

Das mochte der Grund dafür sein, dass der Tätowierte ihr selbst nicht untergekommen war.

Aber du hast ihn doch gesehen!

Da fiel es ihr ein. Der Kerl hatte sich am Büfett bedient, während sie und Hofer damit beschäftigt gewesen waren, sich von ihrem fast aufdringlichen Gastgeber loszueisen.

Seine Tätowierungen waren ihr tatsächlich aufgefallen, aber sie war viel zu abgelenkt gewesen, um sich Gedanken darüber zu machen.

Hatte Hofer mit ihm gesprochen, bevor er mit den Worten »Zeit zu gehen« zu ihr gekommen war?

Fanni fragte Sprudel noch einmal, ob die beiden sich unterhalten hätten.

Der schüttelte matt den Kopf. »Ich glaube nicht. Aber ...«
Fanni hoffte, er wäre fähig weiterzusprechen.

»... aber Hofer schien sich für ihn zu interessieren. Er hatte ihn eindeutig im Visier ...«

Sprudel stöhnte. Sein Kopf sackte auf die Arme.

Merkst du nicht, dass er völlig fertig ist? Auch wenn dir die Sache unter den Nägeln brennt, wird dir einleuchten müssen, dass du so nicht weitermachen kannst!

Fanni strich ihm sanft über den Nacken. Sie sah ein, dass Sprudel Schlaf brauchte – dringend. Und genauso dringend brauchte er einen Arzt, der ihn gründlich untersuchte.

Als sie den Vorschlag machte, einen aufzusuchen, lehnte Sprudel mit einem erneuten Stöhnen ab. »Kommt nicht in Frage. Lass mich erst zur Ruhe kommen, Fanni, bitte. Dann werden wir sehen.«

Über diese Entscheidung konnte und wollte sie sich nicht hinwegsetzen, fragte sich jedoch bang, ob es ein Fehler war.

Quatsch, die Schrammen sehen wirklich nicht gefährlich aus! Und die hässliche Stelle an der Hüfte heilt auch von selbst. Auf einen Baum zu klettern – in seinem Alter! Ansonsten fehlt ihm ja nichts, außer einer Runde Schlaf.

Fanni sagte sich, dass ihm die Runde Schlaf wahrscheinlich am meisten nottat und sich auch bezahlt machen würde.

Blieb die Kopfwunde. Sie war kaum sichtbar, und Fanni hatte sie fast vergessen gehabt. War sie bedenklich? Schwindelgefühle befielen Sprudel jedenfalls nicht mehr, sie hatte ihn mehrmals danach gefragt. Über Übelkeit hatte er ebenso wenig zu klagen. Er hatte alle Brötchen aufgegessen, etliche Tassen Tee getrunken und den Schokoriegel vertilgt, den Fanni aus ihrer Handtasche zutage gefördert hatte. Außerdem hatte sich seine Hautfarbe inzwischen von Schmutziggrau in ein gesundes Sommerbraun gewandelt.

Durch diese Überlegungen ein wenig beruhigt, schaute sie zu, wie er zum Bett hinüberging und sich hinlegte.

»Fanni?«

Sie stand auf, trat zu ihm und beugte sich zu ihm hinunter.

Da streckte er die Arme aus und zog sie an sich. Eng umschlungen lagen sie beieinander. Sprudel hatte die Augen geschlossen und schien eingeschlafen zu sein. Aber dann hörte Fanni, dass er leise etwas vor sich hin murmelte.

Sie horchte auf.

»Alles gut, alles gut. Fanni ist bei mir. Wir sind beide in Sicherheit. Alles gut, alles gut.«

Fanni seufzte. Nach dem, was geschehen war – die Kulturbeauftragte der Stadt im Inn versenkt; Sprudel entführt und weggesperrt, mit knapper Not entkommen; Hofer tot, fraglos ermordet –, konnten sie sich wohl kaum in Sicherheit wiegen.

Und sie hatten keine Ahnung, wie es zu alldem hatte kommen können.

7

Sprudel schlief bis Sonntagmorgen, neun Uhr, durch.

Fanni hatte seinem regelmäßigen Atem und seinem leisen Schnarchen gelauscht und lange überlegt, ob sie ihn ein Stündchen allein lassen, zur Polizei gehen und ihre Aussage machen sollte.

Bevor sie sich dazu aufraffen konnte, war sie selbst eingeschlafen.

Um sieben Uhr früh wurde sie wach.

Sie richtete sich ein wenig auf, stützte sich auf den rechten Ellbogen und musterte ihn.

Sprudel wirkte entspannt, sein Atem ging ruhig und tief.

Vorsichtig streckte Fanni die linke Hand aus, legte sie auf seine Brust. Das Herz schlug stark und gleichmäßig.

Unkraut verdirbt nicht, dafür bist du wohl das beste Beispiel!

Fanni streckte ihrer Gedankenstimme die Zunge heraus, legte sich aufs Kissen zurück, suchte ihren Grips zusammen und begann die Ereignisse der vergangenen Tage zu durchleuchten.

Am Anfang stand der Mord an Cornelia Wolters. Am Ende der an Hofer.

Sobald Sprudel aufwacht und den gestrigen Tag Revue passieren lässt, wird er sich schwere Vorwürfe machen, dass er Hofer nicht retten konnte!

Sprudel war zu spät gekommen.

Als sie und Hofer Stefflingers Gartenfest verlassen hatten, war er ihnen wieder gefolgt.

Fanni hatte inzwischen begriffen, warum er nicht gewagt hatte, sich zu erkennen zu geben.

Er hatte ja nicht im Mindesten ahnen können, was für fatale Umstände Fanni und Hofer zusammengeführt hatten, und konnte nicht einfach von einem Zufall ausgehen.

Zumal Lady Fanni sich tags zuvor so zickig aufgeführt hat, dass der Verdacht, sie hätte einen andern und wolle Sprudel den Laufpass geben, nicht ganz weit hergeholt schien!

Sprudel war ihnen also heimlich gefolgt und hatte sich, als Fanni die eine und Hofer die andere Aussichtskanzel betrat, weiter unten am Wegrand zwischen ein paar Sträuchern versteckt.

Ein Mann in Kapuzenjacke und Springerstiefeln war an ihm vorbeigegangen und wenig später in Hofers Aussichtskanzel eingeschwenkt.

Sprudel hatte plötzlich Gefahr gewittert. Er hatte sich aus den Sträuchern auf den Weg gestürzt und war zur Kanzel gerannt.

Trotzdem war er zu spät gekommen.

Er hatte ein Krachen gehört und gesehen, wie sich der Kapuzenmann übers Geländer beugte, um auf die Dächer direkt darunter zu blicken. Da war ihm blitzartig klar geworden, was geschehen sein musste, und ungewollt hatte er einen Schrei ausgestoßen. Der hatte den Kapuzenmann gewarnt. Er war herumgewirbelt, hatte aus der Drehbewegung heraus Sprudel derb beiseitegestoßen und war geflohen.

Hatte Sprudel dort auf der Kanzel einen Augenblick lang seinem Kidnapper gegenübergestanden?

Womöglich. Aber es war alles so schnell gegangen, dass der Kerl Sprudel kaum hätte wiedererkennen können. Er hatte ihn wahrscheinlich nicht einmal angesehen.

Und was ist die Ursache für all das Verhängnis? Ein unscheinbares Büchlein mit ein paar Notizen drin. Die vielleicht weiterhelfen könnten, wenn Lady Fanni sich die Mühe gemacht hätte, mehr als einen flüchtigen Blick darauf zu werfen!

Fanni winkte ab. Vorhaltungen brachten sie kein bisschen weiter. Außerdem hatte Sprudel Cornelia Wolters' Einträge gründlich genug studiert, um sie auswendig hersagen zu können.

Ach, du willst doch bloss ablenken!, maulte die Gedankenstimme.

Fanni gab ein unwilliges Geräusch von sich, das Sprudel aufweckte.

Später im Badezimmer stellten sie fest, dass seine Blessuren gut verheilten. Nur die Stelle, an der er sich in der Astgabel des Baumes verletzt hatte, leuchtete noch wund und rot. Allerdings sah es ganz so aus, als würden sich Schnupfen und Husten bei ihm anbahnen.

»Du musst zum Arzt«, sagte Fanni.

»Aber ganz bestimmt nicht vor dem Frühstück«, gab Sprudel zurück.

Gegen zehn saßen sie im Gastgarten des Hotels, hatten ihr Frühstück fast aufgegessen und steckten mitten im Aufstellen einer Verdächtigen-Liste.

»Linhart, weil er mit Cornelia Wolters im Clinch lag«, sagte Sprudel.

»Stefflinger, weil es mit ziemlicher Sicherheit deine Tasche war, die auf seinem Schreibtisch lag«, sagte Fanni.

»Stefflinger könnte die Wahrheit gesagt haben«, wandte Sprudel ein.

»Natürlich«, sagte Fanni. »Aber bis wir darüber Gewissheit haben, gilt er als verdächtig. Und überhaupt ...«

Sprudel wartete darauf, dass sie weitersprach.

Ein wenig zögernd tat sie es. »Die beiden Stefflingers sind irgendwie ... heutzutage sagt man wohl ›abgefahren‹.«

Sprudel grinste schief. »Weil sie Gartenpartys geben?«

Fanni warf ihm einen tadelnden Blick zu. »Weil sie sich so leutselig geben.«

Da Fanni Rot sich dem Slogan »Allein bin ich weniger einsam« verschrieben hat, ist ihr jeder verdächtig, der ein bisschen Geselligkeit pflegt!

Sprudel nieste, hustete, schnäuzte sich. »Das Problem ist, dass halb Rattenberg auf unsere Liste gesetzt werden müsste, solange wir uns über das Motiv so sehr im Unklaren sind, weil nämlich halb Rattenberg an diesen Schlossfestspielen beteiligt ist und deshalb mit der Kulturbeauftragten zu tun hatte.«

Bei Sprudels Worten kam Fanni Cornelias Bruder Martin Steber in den Sinn, und sie erwähnte, wie sie und Hofer ihn am Schlossberg getroffen hatten.

Sprudel nickte. Er hatte die Begegnung ja beobachtet.

»Das war höchstens eine Viertelstunde, bevor Hofer abgestürzt ist«, sagte Fanni.

Sprudel rieb sich abwesend über die Stirn. Ein wehmütiger Ausdruck erschien in seinen Augen. »In den Achtzigern war Hofer der beste Ermittler, den Niederbayern aufzubieten hatte. Aber es ist ihm immer schwergefallen, seine Gedanken und Theorien mit anderen zu teilen, vor allem, wenn sie noch nicht ganz ausgegoren waren.«

Daran hat sich offenbar nichts geändert, dachte Fanni.

Was Hofers Mörder allerdings nicht wissen kann!

Darauf hätte die Gedankenstimme nicht extra hinweisen müssen. Fanni war längst klar, dass der Mörder auch sie in den Abgrund gestoßen hätte, wäre Sprudel ihm nicht in die Quere gekommen.

Er wird euch beide jagen, bis er euch zum Schweigen gebracht hat!
Beide?

Der oder die Täter können Sprudel doch nicht einfach entkommen lassen!

Vielleicht haben sie noch gar nicht gemerkt, dass er weg ist, überlegte Fanni.

Schon vergessen? Sprudel ist mittlerweile bereits zweimal quer durch Rattenberg gelatscht. Linhart hat ihn gesehen …

Indessen hatte Sprudel weitergesprochen: »Im Grunde sind alle Mitwirkenden an den Festspielen verdächtig, die Organisatoren und Sponsoren eingeschlossen.«

»Durchaus«, stimmte ihm Fanni zu. »Aber wer von ihnen wäre in der Lage, zwei Morde zu begehen und eine Entführung zu bewerkstelligen? Dazu braucht es eine Menge krimineller Energie, enorme Risikobereitschaft, gewisse Fähigkeiten und – ich glaube, davon dürfen wir im Hinblick auf deine Entführung ausgehen – mindestens einen Komplizen.«

Was eure Lage ums Doppelte gefährlicher macht!

Sprudel nickte beipflichtend.

»Springerstiefel«, murmelte Fanni. »Tätowierungen. Fällt dir dazu nichts ein?«

»Rechte Szene«, antwortete Sprudel, ohne nachzudenken, und fügte nach einer kleinen Pause hinzu: »Aber wenn mich nicht alles täuscht, sind der Kapuzenmann und der Tattoo-Mann nicht derselbe. Der Tattoo-Mann dürfte fast einen Kopf größer sein als der andere und kam mir nicht ganz so stämmig vor.«

Unvermittelt kam Fanni Hofers Fund in den Sinn. »Hofer hat dort, wo du mit deinem Entführer entlanggekommen bist, einen Schlüsselanhänger gefunden. Er hat ihn mir gezeigt. Es waren Schriftzeichen drauf, die er für kyrillisch hielt. Sie haben ein bisschen so ausgesehen wie die Tätowierungen, die du mir beschrieben hast.«

»Eine osteuropäische Bande?« Sprudels Ton klang ebenso zweifelnd wie vorhin. »Da findet sich wohl auch keine Verbindung zur Kulturbeauftra…« Er unterbrach sich.

Fanni wartete, bis er so weit war, den Gedanken, der ihn offenbar gerade gestreift hatte, in Worte zu fassen. »Kunstdiebstahl. Das könnte die Verbindung sein. Habe ich dir nicht erzählt, dass ich auf der Flucht aus dem Kellergewölbe durch eine Halle gekommen bin, in der massenhaft Kunstgegenstände gelagert waren? Und auf einem Tisch habe ich Ansichten und Grundrisse von Rattenberger Häusern gesehen.«

»Vom Badhaus, Apothekerhaus, den Nagelschmiedhäusern, dem Zollhaus?«, fragte Fanni.

Sprudel zuckte die Schultern. »Darauf habe ich in der Eile natürlich nicht geachtet.«

Fanni hob den Blick, weil die Dame von der Rezeption an ihren Tisch trat. »Entschuldigen Sie die Störung. Aber ein Herr Kriminalkommissar will dringend mit Ihnen sprechen.«

Wie ging noch mal der Spruch mit dem Berg und dem Propheten?

Fanni begann allmählich eine Phobie gegen Sprüche zu entwickeln, hatte jedoch keine Zeit, ihre Gedankenstimme davon in Kenntnis zu setzen.

»Wir halten mit nichts zurück«, flüsterte sie Sprudel zu.

»Auf keinen Fall«, flüsterte er zurück.

Wenn wir es täten, sagte sich Fanni, würden wir uns sowieso bloß in Widersprüche verwickeln.

Im Übrigen war es durchaus zweckmäßig, der Polizei alle Informationen, die sie hatten, zu liefern. Standen den Beamten nicht ganz andere ermittlungstechnische Möglichkeiten offen als ihnen?

Der Kommissar war gut in den Fünfzigern, klein, drahtig und durchtrainiert. Er grüßte auffällig zurückhaltend, stellte sich mit »Walter Bär« vor und nahm ohne ein Lächeln auf dem Stuhl Platz, den Sprudel ihm anbot.

Bevor er ein Wort sagen konnte, begann Fanni zu sprechen.

Sie redete fast eine Viertelstunde lang, ließ kein Detail ihrer Erlebnisse aus, bat von Zeit zu Zeit Sprudel, ihren Bericht zu ergänzen, und scheute sich auch nicht, ihr logisch erscheinende Schlussfolgerungen aufzuzeigen.

Dein Vortrag hört sich an wie das Plädoyer eines Strafverteidigers!

Als Fanni mit ihrer Aussage fertig war, erwartete sie einen ganzen Katalog von Fragen dazu. Doch es kam keine einzige. Der Kommissar schwieg. In seinen Augen standen Argwohn und Zweifel.

Ihr könnt definitiv damit rechnen, von ihm festgenommen und abgeführt zu werden!

Vorerst zückte er Block und Bleistift. »Ihre Personalien haben wir bereits. Fehlen noch die von Herrn Sprudel.«

Nachdem er sämtliche Daten aufgenommen hatte, wollte er noch alles Mögliche über ihre Lebensumstände wissen. Sie antworteten in vollem Umfang wahrheitsgemäß, während der Kommissar mitschrieb.

Irgendwann steckte er Block und Schreibstift ein und schob seinen Stuhl zurück.

Fanni wartete mit angehaltenem Atem.

Gleich holt er zwei Paar Handschellen heraus!

Fanni schluckte und hätte beinahe überhört, was er sagte.

»Wir werden Ihre Angaben jetzt überprüfen, dann werden Sie aufs Präsidium geladen. Vor allem Sie, Herr Sprudel, müssen Ihre Aussage machen. Entführung ist ein Kapitalverbrechen, um das sich die Staatsanwaltschaft kümmern wird.« Er sah erst Fanni, dann Sprudel mit undeutbarer Miene an. »Vorausgesetzt, das Ganze hat sich wirklich so abgespielt. Auch zum Tod von Herrn Hofer werden Sie noch einmal vernommen. Das bedeutet, dass Sie bis auf Weiteres vor Ort bleiben.« Das Letzte war keine Bitte, sondern klar eine Anweisung, wie Fanni sehr wohl registrierte.

Bär erhob sich, nickte kurz und ließ sie am Tisch zurück.

Sprudel trank seinen Kaffee aus, wobei er über den Rand der Tasse linste, als fürchte er, der Kommissar würde im nächsten Moment zurückkommen und sie doch noch festnehmen.

Fanni legte ihre Hand auf seinen Oberschenkel, strich sanft drüber, spürte, wie er sich entspannte. Auch sie fühlte sich wie von einer drückenden Last befreit, obwohl sich gezeigt hatte, dass vonseiten der Polizei zunächst keinerlei Hilfe zu erwarten war. Bär hatte nicht den Eindruck gemacht, als hätte er ihren Ausführungen Glauben geschenkt. Wenn sie also erfahren wollten, was hinter all den schrecklichen Ereignissen steckte, mussten sie die Sache weiterhin selbst in die Hand nehmen.

Fanni nahm den Faden von vorhin wieder auf. »Wir könnten es tatsächlich mit zwei verschiedenen Aspekten zu tun haben. Einerseits mit diesem Machtkampf innerhalb der Schauspielertruppe, andererseits …«

Mit Kunsträuberg'schichten?

Sprudel nickte, bevor sie zu Ende gesprochen hatte. »Zwei ganz unterschiedliche Vorgänge, was nicht heißen muss, dass sie nicht doch irgendwie miteinander verbunden sein können.«

Fanni bemühte sich gerade vergeblich, einen Gedanken zu fassen, der in ihrem Hinterkopf lauerte, aber nicht zum Vorschein kommen wollte. Erst als Sprudel hinzufügte: »Zum Beispiel könnte einer der Schauspieler Drahtzieher der Kunstraubbande sein«, gewann er an Schärfe.

»Linhart«, rief sie. »Damit landen wir wieder bei Linhart, seinem Ärger mit den Geschwistern und Stebers Verdacht gegen ihn.« Sie meinte, den Gedanken nun mit Händen greifen zu können, doch ständig entglitt er ihr.

»Linhart«, wiederholte Sprudel. »Womöglich spioniert er aus, was sich in Rattenberg zu holen lohnt. Aber wie macht er das?«

Fanni stützte die Ellbogen auf den Tisch und drückte beide Fäuste auf die Augen. Die Antwort auf diese Frage lag nahe, so nahe ...

Nur kam sie nicht drauf.

Aber etwas anderes kam ihr in den Sinn.

Wenn es sich um Kunstraub in großem Stil handelte, müssten sie und Sprudel, vor allem aber Hofer dann nicht davon gehört haben? So etwas wäre doch Stadtgespräch. Die Zeitungen würden davon berichten, das Tagblatt beispielsweise, das immer in der Hotelhalle auf einem Tischchen lag.

»Was ist Linhart noch mal von Beruf?«, fragte Sprudel.

Das war es. Fanni ließ die Fäuste sinken. »Architekt.«

»Architekt also«, sagte Sprudel. »Interessant. Da hat er ja von Berufs wegen mit Gebäuden zu tun, kommt dort und da hinein.«

Fanni war bereits einen Schritt weiter. »Was, wenn er krumme Dinger dreht? Gutachten schönt, Baumängel vertuscht?«

»Und die Kulturbeauftragte ist ihm draufgekommen«, ergänzte Sprudel.

»Linhart begeht Verstöße gegen Bauvorschriften und Bauauflagen«, machte Fanni weiter. »Schwere Verstöße. So schwer, dass man ihn einsperren würde, wenn alles rauskäme. Die Wolters riecht Lunte, forscht nach, findet Indizien, aber keine wirklichen Beweise. Sie braucht Hilfe, wagt aber nicht, sich an jemanden aus der Truppe zu wenden, weil einige sowieso auf Linharts Seite stehen und den anderen auch nicht vollkommen über den Weg zu trauen ist. Also listet sie ihre Beobachtungen auf, schleppt das Büchlein Tag und Nacht mit sich herum und grübelt, bei wem sie es wagen könnte, die Karten aufzudecken.

Da laufen wir ihr über den Weg. Außenstehende. Mit einem Ruf als hartnäckige Ermittler. Sie zögert keine Sekunde.«

Sprudel tat, als wolle er Beifall klatschen.

Fanni schnitt ihm eine Grimasse, bereute es jedoch im gleichen Augenblick, weil soeben eines der Serviermädchen an ihren Tisch trat und fragte, ob sie noch Wünsche hätten. Als Fanni und Sprudel verneinten, begann sie, das Geschirr abzuräumen. Die Frühstückszeit war vorbei.

Sprudel wartete, bis das Mädchen außer Hörweite war, dann sagte er: »Nehmen wir mal an, die Wolters hatte Linhart wirklich wegen irgendwelcher Schweinereien mit Bauplänen oder Berechnungen in Verdacht. Ohne Beweise konnte sie aber nichts gegen ihn unternehmen. Ich frage mich, was hätte sie getan, sobald sie welche gehabt hätte.« Er sah Fanni intensiv an. »Wäre sie zur Polizei gegangen? Hätte sie versucht, ihn gesellschaftlich unmöglich zu machen? Hätte sie ihn erpresst nach dem Motto: Entweder du tanzt nach meiner Pfeife, oder ich mach dich fertig?«

Fanni zuckte die Schultern. »Was spielt das für eine Rolle? Ausschlaggebend ist doch, dass Linhart sich bedroht gefühlt hat. Und zwar so handfest, dass er …«

Sprudel musste grinsen. »Seinen Blutsbruder von der Russenmafia auf den Plan gerufen hat.«

Fanni schaute ihn strafend an. »Warum nicht. Ich wette, der Tattoo-Mann ist einer für die Drecksarbeit, und Hofer hat das geahnt.«

Sprudel schwieg eine Weile. Schließlich sagte er: »Unsere Theorie hört sich tatsächlich einleuchtend an, obwohl sie noch ein bisschen löchrig ist. Allerdings …«

Als Fanni die nun folgende Pause zu lang wurde, fragte sie: »Allerdings was?«

»Du hast dich geirrt, als du gesagt hast, dass die Wolters vermutlich auch im eigenen Lager niemandem vertrauen konnte. Das stimmt nicht. Du hast ja selbst mitbekommen, wie unversöhnlich sich ihr Bruder und Linhart geben. Martin Steber scheint von Linhart derart schlecht zu denken, dass er ihm sogar den Mord zutraut. Er hätte seine Schwester sicher nicht verraten. Im Gegenteil, er wäre ihr bedingungslos beigestanden.«

Darüber dachte Fanni lange nach. Irgendwann sagte sie: »Und wenn er allen was vorspielt?«

Sprudel lachte freudlos auf. »Ja, natürlich, immerhin sprechen wir von einem aus der Theatergruppe.«

Fanni rückte ihren Stuhl zurück und stand auf. »Höchste Zeit, sich auf die Beine zu machen.«

Fanni und Sprudel waren übereingekommen, mit einem Besuch bei den Stefflingers zu beginnen.

Sie traten aus dem Hotel auf die Straße und beratschlagten gerade, ob der Weg zur Innbrücke über den Claudiaplatz der kürzeste war oder ob der über Unterkramsach mehr Zeit sparte, als auf dem kleinen, mit niedrigem Gestrüpp bewachsenen Hügel gegenüber der Motor einer Geländemaschine aufheulte. Unwillkürlich blickte Fanni hinüber und sah ein Motocrossmotorrad mit zunehmender Geschwindigkeit den Hang hinuntersausen. Fasziniert beobachtete sie, mit welchem Geschick der Fahrer die Bodenwellen nahm und durch das Buschwerk kurvte. Unten angekommen, pflügte er durch den Straßengraben, kam schlitternd auf die Fahrbahn, hielt direkt auf sie und Sprudel zu und schien nun erst richtig zu beschleunigen.

Fanni wunderte sich ein wenig, dass er auf der falschen Straßenseite fuhr.

Er hat es auf euch abgesehen!

Sprudel reagierte bereits. Er packte Fanni um die Taille und sprang mit ihr hinter einen parkenden Wagen.

Im nächsten Augenblick gab es ein Kreischen und Splittern. Die Geländemaschine hatte das Auto touchiert und war ins Schleudern geraten. Der Fahrer konnte sie jedoch abfangen und brauste weiter.

Mit weichen Knien wankten Fanni und Sprudel ins Hotel zurück.

Die Polizei erschien schon nach wenigen Minuten. Sie war

vom aufgebrachten Besitzer des beschädigten Autos gerufen worden, der auf dem Weg zu seinem Wagen gewesen war, als die Geländemaschine der Fahrertür eine durchgehende quer verlaufende Scharte zufügte.

Zum zweiten Mal an diesem Morgen machten Fanni und Sprudel eine Aussage, diesmal vor einem Streifenbeamten. Sie beschrieben das Geschehen detailliert, nur dass es sich um einen Angriff auf sie gehandelt haben musste, behielten sie für sich.

Bestenfalls hätte man euch ausgelacht. Schlimmstenfalls in eine psychiatrische Klinik gebracht.

Eine halbe Stunde später standen sie mit herausfordernd erhobenem Kopf und schwammigen Beinen wieder auf der Straße und sahen sich nervös um. Trotz oder gerade wegen aller Gefahr, hatten sie beschlossen, ihr Vorhaben, die Stefflingers aufzusuchen, in die Tat umzusetzen, und sich nicht im Hotelzimmer zu verkriechen. Solange der Fall nicht geklärt war, konnten sie sich nirgends sicher fühlen.

»Wir brauchen uns nicht einmal eine Rechtfertigung auszudenken«, sagte Fanni unterwegs. »Schließlich hat Stefflinger aller Wahrscheinlichkeit nach deine Tasche. Ich frage mich allerdings, wieso er sie unter dem Sitz gefunden haben will. Du hast sie doch obendrauf gelegt.«

Mir besorgten Blicken musterte Sprudel ein ihnen entgegenkommendes Auto, das mit überhöhter Geschwindigkeit fuhr. »Die Antwort könnte ganz einfach sein: Stefflinger war spät dran, hat nach einem freien Platz gesucht, und da war auch einer. Nur so eine blöde Tasche lag drauf. Die hat er schnell druntergeschoben.«

Die Erklärung leuchtete ein. Dass Stefflinger dieses Detail verschwiegen hatte, ebenfalls.

Aber warum hatte sich der Entführer die Mühe gemacht, Sprudel zu kidnappen, wenn die Tasche mit dem Notizbuch wie ein Präsent in der Zuschauertribüne lag?

Darauf gab es mehrere Antworten: Er hatte nicht mitbekommen, dass Sprudel sie ablegte; er ging davon aus, dass Sprudel das Notizbuch bei sich trug, und als er seinen Irrtum bemerkte, war es zu spät; es ging ihm weniger um das Notizbuch als darum, Sprudel aus dem Verkehr zu ziehen.

Letztere Erklärung gefiel Fanni am wenigsten.

»Jedenfalls müsste das Notizbuch noch drin sein«, sagte Sprudel.

Sie mussten einer Gruppe Touristen ausweichen, die an einem sonnigen Sonntagvormittag wie diesem in Scharen in Rattenberg einfielen. Die Südtiroler Straße – größtenteils als Fußgängerzone ausgewiesen – war bereits verstopft. Außer über die Innpromenade, die vermutlich ebenso verstopft sein würde, gab es keine Möglichkeit, sie zu umgehen. Sie mussten sich also damit abfinden, nur im Schneckentempo voranzukommen, krochen an den Souvenirläden und den bereits voll besetzten Straßencafés entlang.

Fanni ließ den Blick über die Tische vor dem »Kanzler Biener« gleiten. An einem hatte sie erst am vorgestrigen Abend zusammen mit Hofer gesessen und Rotwein getrunken.

Sie wünschte, Hofer würde auch jetzt hier sitzen. Neben sich sein Angelgerät und vor sich den »Stadtführer Rattenberg«, der laut Umschlagtext vom Leiter des Augustiner-Museums Dr. Hermann Drexel verfasst worden war und den Hofer anscheinend auswendig gekannt hatte. Aus dem Stegreif hatte er ihr die Geschichte des einstigen Tiroler Kanzlers erzählt, nach dem das Café benannt war.

Erstaunt registrierte sie, dass sie einiges davon im Gedächtnis behalten hatte.

Wilhelm Biener, Rechtswissenschaftler aus Schwaben, hatte während des Dreißigjährigen Krieges der Landesherrin Claudia von Medici in Innsbruck gedient und sich dabei viele Feinde gemacht. Deshalb ging es ihm, kaum lag sie im Grab, ans Leder. Man machte ihm den Prozess, verurteilte ihn zum Tode, kerkerte ihn im Verlies der Burg Rattenberg ein und richtete ihn am 17. Juli 1651 im unteren Schlosshof hin.

»Ob zu Recht oder zu Unrecht, wer soll das heutzutage wissen?«, hatte Hofer gesagt.

Jedenfalls hat man ihm mit diesem Gebäude ein stilvolles Denkmal gesetzt, dachte Fanni, während ihr Blick kurz über die malerische Fassade schweifte, dann aber wieder zu den gut besetzten Tischen zurückkehrte.

Plötzlich entdeckte sie zwei bekannte Gesichter. Emmi Schwan und Lothar Ziller. Die beiden debattierten heftig. Vor allem Emmi Schwan schien ziemlich erregt. Ziller wirkte besonnen wie immer.

Fanni fragte sich, ob er mehr der Linhart- oder der Wolters-Fraktion zuneigte oder ob er sich vollkommene Neutralität bewahrt hatte. Sie hielt ihn für klug und diplomatisch genug, es sich mit keinem zu verderben. Emmi Schwan war ein anderes Kaliber. Fanni hatte selbst zu spüren bekommen, dass sie keinen Hehl aus ihrer Meinung machte und sie nachdrücklich vertrat.

Gerade in diesem Moment sprach sie leidenschaftlich auf Ziller ein. Hatte sie ihn nicht erst gestern bei der Innbrücke aufgehalten, um mit ihm zu reden?

Was wollte sie andauernd von ihm?

Scheint so, als hättest du einen Tick zu lange rübergeglotzt!

Frau Schwan und Herr Ziller grüßten und winkten. Kurz entschlossen steuerte Fanni auf ihren Tisch zu.

Ziller stand auf und rückte zwei Stühle zurecht. »Wie schön, dass Sie wieder zusammen sind.«

Fanni hätte beinahe laut aufgelacht. So einfach und trivial ließ sich Sprudels furchtbares Erlebnis wegwischen.

Als alle um den Tisch saßen, sagte Ziller: »Frau Schwan und ich haben sozusagen Krisensitzung. Emmi befürchtet, dass die Schlossbergspiele in Verruf geraten, wenn Martin Steber und Oliver Linhart so weitermachen und bei jeder Gelegenheit aufeinander losgehen. Natürlich haben wir von Anfang an gewusst, dass es Reibereien geben würde. Aber wir hatten ja keine Wahl. Und wer hätte denn gedacht —«

»Wo liegt eigentlich das Problem?«, warf Fanni ein.

Ziller zog ein Gesicht. »Ehrlich gesagt, weiß das niemand so genau. Es scheint sich einfach um eine tief sitzende Aversion zu handeln, die sich mehr oder weniger schon im Kindergarten entwickelt –«

»Sie müssen aber zugeben«, fiel ihm Emmi Schwan ins Wort, »dass Linhart die Lage, in die wir geraten sind, als unser Hauptdarsteller und sein Ersatzmann fast gleichzeitig ausfielen, schamlos ausnutzt. Er hat Cornelia das Leben schwergemacht, provoziert Steber auf eine Weise …« Sie verstummte.

Ziller nickte mit Nachdruck. »Sie haben ja recht. Wir müssen die beiden zur Vernunft bringen, bevor noch mehr Unglück geschieht.«

Emmi Schwan umfasste sein Handgelenk. »Reden Sie als Erstes mit Linhart, Herr Ziller. Drohen Sie ihm irgendwas an. Den Katzbachern den Zuschuss für die neue Mehrzweckhalle zu kündigen, den Sie ihnen zugesagt haben, beispielsweise. Dann kann er sehen, wo er mit den Hauptrollen bleibt, die er gern spielen möchte. Bei uns bekommt er nämlich keine mehr.«

»Ich rede mit ihm, versprochen«, sagte Ziller. »Auch mir liegt die Sache am Herzen. Linhart muss einsehen, dass mit Streit und Hader nichts zu gewinnen ist. Steber steht wohl eine Karenzzeit zu nach dem schrecklichen Tod seiner Schwester.« Er warf einen Blick auf seine Armbanduhr, zog die Brauen hoch und erhob sich. »Herrje, halb zwölf schon. Da komme ich wohl zu spät.« Mit einem reumütigen Lächeln fügte er hinzu: »Tut mir leid, Freunde erwarten mich am Goldenen Dachl in Innsbruck.« Dann eilte er mit einem kurzen Abschiedsgruß davon.

Fanni beobachtete, wie er sich elegant zwischen den Tischen hindurchschlängelte, der Bedienung konziliant einen Schein zusteckte und schließlich in der Menge untertauchte.

Als sie sich wieder Frau Schwan zuwenden wollte, stellte sie fest, dass die ebenfalls Anstalten machte, aufzustehen. »Auch für mich wird's höchste Zeit. Um eins kommt mein Sohn zum Mittagessen. Der Tafelspitz ist zwar schon fertig, aber die Nockerl müssen noch ziehen und der Kren … Kren isst er für sein

Leben gern. Schon als Kind ist er ihm nicht zu scharf gewesen, dem Toni. Sie haben ihn ja schon kennengelernt.«

Fanni wusste einen Moment lang nicht, wen sie meinte – den Kren oder den Sohn, aber Emmi Schwan fuhr bereits fort: »In ›Räuberg'schichten‹ spielt er den Gendarm Adam.« Damit nickte sie freundlich, machte eine Abschiedsgeste und war ebenfalls verschwunden.

Der smarte Adam, der gesehen haben will, wie Sprudel entführt wurde, ist also Emmi Schwans Sohn, dachte Fanni. Auf welcher Seite stehen die beiden? Emmi scheint Anti-Linhart zu sein und Toni? Steckt er irgendwie mit drin im Sumpf? Verfolgt er bestimmte Interessen?

Aus jedem Gespräch ergaben sich immer neue Fragen. War es möglich, Antworten darauf zu finden?

Durch dumpfes Brüten ganz bestimmt nicht!

Sie sah Sprudel niedergeschlagen an und seufzte leise.

Er stand auf, legte den Arm um sie und zog sie sanft vom Stuhl hoch. »Wir sollten tun, was wir uns vorgenommen haben.«

Aber Fanni fühlte sich auf einmal so müde, mutlos und ängstlich, dass sie glaubte, keinen einzigen Schritt tun zu können. Hofer war tot, und Sprudel war dem gleichen Schicksal mit knapper Not entronnen. Vor nicht einmal einer Stunde waren sie beide einem Anschlag auf ihr Leben entgangen und mussten jeden Augenblick mit einem neuen rechnen. Brachten sie sich nicht umso stärker in Gefahr, je mehr sie die Hintergründe herauszufinden versuchten? Und waren sie in den vergangenen Jahren nicht schon genug in Gefahr geraten? Erschreckende Szenen wirbelten durch Fannis Kopf: Sie selbst in einer Baugrube, halb unter Wasser, der Mörder mit einem Prügel über ihr … Sprudel blutend am Fuße eines steinigen Abhangs. Wie oft wollten sie ihr Leben noch aufs Spiel setzen?

Gab es denn keine Möglichkeit, sich aus der Gefahrenzone hinauszumanövrieren?

Wie wär's mit einer gemütlichen Zelle im Staatsgefängnis? Hundertprozentig sicher!

Offenbar spürte Sprudel Fannis Beklommenheit, denn er drückte sie an sich und gab ihr einen Kuss. Plötzlich lachte er auf und sagte mit einem Zwinkern: »Let's go and fight.«

Fanni schmiegte sich in seine Arme. Was blieb ihnen schon anderes übrig?

8

»Was für eine Überraschung! Hereinspaziert, hereinspaziert«, rief Hans-Dieter Stefflinger. Seine Hängebacken wackelten vor lauter Freude über die unerwarteten Gäste. »Anke macht gerade ihre berühmte Nachspeise: Milchreis mit Zucker und Zimt – und einem Gläschen Amaretto.« Er küsste seine Fingerspitzen. »Das müsst ihr probieren.« Mit beiden Händen wedelnd komplimentierte er Fanni und Sprudel in einen Wintergarten, der als Esszimmer eingerichtet war, machte ein paar Schritte auf eine offene Tür zu und rief in den angrenzenden Raum: »Wir haben Besuch, Anke!« Es klang wie ein Siegesruf.

Von drüben kam umgehend die Antwort in hörbar erfreutem Ton. »Setzt euch, setzt euch. Bin gleich da. Ein Sekündchen noch. Ah, er blubbert schon. Ich komme. Ach, das freut mich aber.«

Wie kann man auf ungebetenen Besuch nur so enthusiastisch reagieren?, dachte Fanni. Sie tut, als wäre das Christkind hereingeschneit oder die Lottofee. Stattdessen sind Fremde da, mit peinlichen Fragen in der Hinterhand.

Beiläufig registrierte sie, dass Hans-Dieter geradezu glückselig lächelte, während er bauchige Rotweingläser auf den Tisch stellte und zu einem Drittel vollschenkte.

Entweder sind die Stefflingers komplett behämmert, oder sie spielen uns Theater vor, ging es ihr durch den Kopf.

Vielleicht sind die Stefflingers Bohemiens!

Fanni zuckte unmerklich die Schultern. Woher hätte sie wissen sollen, wie man in Bohemekreisen auf Besucher reagierte.

Anke hüpfte herein und brachte eine Platte voller Häppchen mit – italienischer Schinken, Käse, Oliven.

Fanni starrte ihre Gastgeberin verblüfft an.

Anke trug einen knallroten Kaftan mit goldgelben Stickereien. Sie sah darin aus wie eine in die Jahre gekommene Voluptas.

»Der Milchreis muss noch eine halbe Stunde abkühlen«, erklärte sie. »Dann ist er perfekt.«

»Genau nach der Hälfte der Kühlzeit wird das Gläschen Amaretto hineingerührt«, fügte Hans-Dieter schulmeisterlich hinzu.

Auf das ihr beide lieber verzichten solltet, dachte Fanni.

Leben und leben lassen! »Oh Herr, gib ihr die ewige Ruh und ein Glaserl Schnaps dazu!«

»Ihre Tasche müsste das sein? Ihre Tasche?«, rief Stefflinger überrascht, nachdem Sprudel ihm mitgeteilt hatte, dass er sie auf einem Sitz in den Zuschauertribünen abgelegt und später nicht wiedergefunden hätte. Dann sah er Fanni vorwurfsvoll an. »Warum haben Sie das nicht gleich gesagt?«

»Da wusste ich ja noch nicht, dass sie meinem Mann abhandengekommen war«, verteidigte sich Fanni. »Sie ist mir auf Ihrem Schreibtisch einfach nur aufgefallen.«

Stefflinger verzehrte ein Häppchen und spülte es mit reichlich Wein hinunter. »Ihre Tasche ist das«, wiederholte er nachdenklich.

Fanni glaubte einen leisen Zweifel aus seinem Ton herauszuhören. »Es lässt sich ganz leicht feststellen.« Sie beschrieb den Button auf der rechten unteren Ecke der Klappe.

Stefflinger schlug sich an die Stirn. »Den habe ich mir sogar angesehen. Da hätte ich doch eigentlich ...« Vor sich hin murmelnd stand er auf, verließ das Zimmer, kam einige Zeit später mit der Tasche zurück und reichte sie Sprudel, wobei er sie so hielt, dass der Button deutlich zu sehen war. Dann wandte er sich mit einem Augenblinzeln an Anke: »Um den Amaretto habe ich mich schon gekümmert.«

Sprudel öffnete die Tasche, die nun endgültig als seine identifiziert war, und begann, darin herumzukramen. Irgendwann sah er auf und suchte Fannis Blick. Dann schüttelte er unmerklich den Kopf.

»Fehlt etwas?«, fragte Stefflinger alarmiert. Offenbar hatte er Sprudels Verhalten genau beobachtet.

Sprudel zögerte nur einen winzigen Moment, bevor er antwortete. »Mein Notizbuch.«

Stefflinger schwieg, seine Hängebacken zitterten pikiert.

Nicht einmal Anke fand Worte.

»Klein, blau, abgegriffen«, sagte Sprudel.

Anke fing sich als Erste. »War nicht drin. Wir haben ja die ganze Tasche durchwühlt, weil wir nach Hinweisen gesucht haben, wem sie gehören könnte. Aber da waren kein Portemonnaie, kein Notizbuch, kein Handy ...«

Sprudel klappte die Tasche zu, lächelte gewinnend und klopfte zuerst auf seine rechte Brustseite, dann auf die linke Hüfte. »Handy, Portemonnaie. Das Notizbuch muss ich wohl verlegt haben.«

Die Stefflingers atmeten erleichtert auf.

»Dann können wir uns ja jetzt über den Nachtisch hermachen«, sagte Hans-Dieter.

Anke sprang unverzüglich auf und verschwand im angrenzenden Raum, der offenbar als Küche diente.

Hans-Dieter machte sich mit dem Korkenzieher an einer weiteren Flasche Wein zu schaffen.

Nach kurzer Zeit kam Anke mit einem Tablett herein, auf dem sie vier Schalen mit Milchreis angerichtet hatte, der jeweils mit filetierten Orangenschnitzen und Mandelsplittern garniert war.

Sie verteilte die Schalen und plapperte dabei fröhlich. »Greifen Sie zu. Ich habe einen ganzen Topf voll angesetzt, weil wir heute noch einen Gast erwarten, der einfach nicht genug davon bekommt.« Sie lachte geschmeichelt. »Jegor sagt immer, für meinen Milchreis würde er barfuß von Helsinki bis Murmansk laufen.«

»Ihr Besuch kommt aus Russland?«, warf Fanni ein, weil ihr bei Ankes Worten sofort der Tattoo-Mann in den Sinn kam.

»Er ist Finne«, sagte Anke.

Fanni fragte sich, ob die Finnen lateinische, kyrillische oder eigene Schriftzeichen verwendeten.

Lateinische, das weiß doch jedes Kind!

»Jegor kommt uns regelmäßig besuchen«, quasselte Anke. »Und nie vergisst er …«

Fanni hörte nicht mehr hin. Wenn sie nicht bald etwas Aufschlussreicheres als Ankes Geschwätz und Hans-Dieters Kochrezepte zu hören bekamen, waren die Mühe, hierherzukommen, und das Vergehen, schon mittags Alkohol zu trinken und sich dazu auch noch eine Süßspeise einzuverleiben, fast umsonst gewesen.

Was Sprudels Tasche und das verschwundene Notizbuch betraf, hatten sich die beiden ja elegant aus der Affäre gezogen. Nach außen sah alles so aus, als hätten sie sich korrekt verhalten, niemand würde ihnen einen Vorwurf machen können.

Wieder ein Fehlschlag, dachte Fanni und trank ihr Glas leer. Sie wollte gehen.

Hans-Dieter griff sofort zur Rotweinflasche, um nachzuschenken. Als Fanni ablehnte, goss er sich selbst ein. Sie sah die Flüssigkeit aus der Flasche rinnen, hörte das Gluckern und merkte auf einmal, dass sie pinkeln musste.

Sie fragte nach dem Weg zur Toilette.

Anke geleitete sie in eine helle Diele und deutete auf eine Tür vis-à-vis. Am Türblatt prangte das Manneken Pis.

Typisch, dachte Fanni. Schon am Vortag war ihr aufgefallen, dass die Stefflingers ein Faible für Dekoration jeder Fasson hatten. Insbesondere Skulpturen und Plastiken schienen es ihnen angetan zu haben. Im Innenhof gab es ein Wasserspiel bestehend aus drei verschieden hohen Granitsäulen, aus denen es heftig sprudelte. Zwischen Büschen und Rabatten fanden sich abstrakte und weniger abstrakte Figuren unterschiedlichster Materialien. Je länger man in einer Ecke verweilte, desto mehr davon konnte man entdecken.

Virtuos, dachte Fanni. Die Stefflingers dekorieren virtuos. Trotz all der Fülle drängt sich nichts auf.

Im Wintergarten hatte Fanni fast neidisch ein reisekoffergroßes Chamäleon aus Bronzeguss betrachtet, obwohl sie ganz genau wusste, dass sie es nicht hätte haben wollen, so wenig wie das Manneken Pis hier an der Klotür.

Fanni öffnete, trat ein und schloss hinter sich ab.

Die Gästetoilette der Stefflingers war wie ein Wohnzimmer eingerichtet. Auf einem Tischchen lagen Zeitschriften, auf einer Konsole befand sich ein CD-Player. Eine etwa sechzig Zentimeter hohe Frauenfigur stand unter dem mit knalligen Gardinen dekorierten Fenster. Sie hielt eine Schale mit kleinen Parfümflakons, Cremedöschen und winzigen Beutelchen Duschgel. Ein Stapel frischer Handtücher ragte aus einem Korb auf dem Rücken eines Porzellanelefanten, der etwa die Größe eines Jack-Russell-Terriers hatte.

Exaltiert und trotzdem geschmackvoll, sagte sich Fanni beeindruckt. Virtuos eben.

Sie setzte sich aufs Klo und griff nach einer Zeitschrift. Nicht, weil sie sich dafür interessiert hätte, sondern weil sie den Eindruck hatte, das gehöre hier einfach dazu. Als sie das Magazin hochhob, flatterte ein weißes Blatt Papier zu Boden. Fanni klaubte es auf, wollte es zurücklegen, hielt jedoch mit einem Mal inne und beäugte es von allen Seiten.

Er hatte DIN-A4-Größe, war irgendwann gefaltet gewesen und später geglättet worden. Auf die Rückseite war eine Telefonnummer gekritzelt, daneben hatte jemand »Bitte um Rückruf« geschrieben. Auf der Vorderseite prangte das Logo des Hotels, in dem Fanni und Sprudel abgestiegen waren.

Fanni hätte schwören mögen, dass es sich um den Briefbogen handelte, in den Sprudel Cornelia Wolters' Notizbuch eingeschlagen hatte, bevor er es in seiner Tasche verstaute.

Als sie wieder in die Diele trat, konnte sie durch den Glaseinsatz einer Tür sehen, dass Hans-Dieter mit dem Mobiltelefon am Ohr im Innenhof auf- und abging. Offenbar hatte er einen Anruf erhalten.

Fanni blieb stehen und überlegte.

Anke, dachte sie, ist sicherlich so höflich, Sprudel am Esstisch nicht allein zu lassen, was bedeutet, dass in allen übrigen Räumen die Luft rein ist.

So eine Chance durfte nicht ungenutzt bleiben.

Denn, sagte sich Fanni, wo die Umhüllung herumliegt, kann auch das Notizbuch nicht weit sein.

Möglicherweise war es dort, wo sie Sprudels Tasche gesehen hatte. Jetzt bot sich die Gelegenheit, es ausfindig zu machen.

Fanni kniff die Augen zu, um sich die Lage des Arbeitszimmers besser ins Gedächtnis rufen zu können. Dessen Fenster ging ebenso wie die Tür, vor der sie jetzt stand, auf den Innenhof hinaus, das Zimmer musste also entweder rechts oder links von der Diele liegen. Links ging es zurück zum Wintergarten, demnach befand sich das Arbeitszimmer rechts.

Drei Schritte führten Fanni zum Eingang.

Wie schon tags zuvor herrschte auf dem Schreibtisch ein unbeschreibliches Durcheinander.

Fanni sichtete Ansichtskarten aus Stockholm und St. Petersburg, aus Sidney und Durban. Sie waren unbeschrieben, also offenbar als Erinnerung mitgebracht worden. Darüber und darunter lagen Rechnungen (Gärtnerei Schrader, Elektro Mosbauer, Glasbläserei Steber), Broschüren über Elektronikartikel (anscheinend hatten die Stefflingers vor, sich einen neuen PC zuzulegen), Visitenkarten. Zwischen ein paar Zeitungsausschnitten stöberte Fanni einen Haufen Unterlagen über das Outletcenter Parndorf auf. Es gab eine Liste der Geschäfte und der Designermarken, die dort verkauft wurden, einen Anfahrts- und Centerplan, eine Karte, in der die Lage der Restaurants eingetragen war.

Als Fanni einen Blick auf das offenbar dazugehörige Bildmaterial warf, fiel ihr ein, dass sie vor ein, zwei Jahren mit Sprudel dort gewesen war. Damals hatten sie kurz vor Weihnachten eine kleine Rundreise von Linz nach Wien und weiter zum Neusiedler See unternommen. Von Neusiedel aus war es nicht weit nach Parndorf, deshalb hatten sie beschlossen, einen Abstecher zu machen, und hatten den Tag im Sammelbecken der Designermarken weidlich ausgekostet. Sie hatten bei Timberland eingekauft, bei Tommy Hilfiger, bei Hugo Boss und bei Wie-sie-halt-alle-hießen.

Fannis Blick ruhte eine Zeit lang auf den Abbildungen.

Parndorf ist faszinierend, dachte sie. Einladend, verführerisch, schmuck.

Schmuck?

Ja, dachte Fanni, schmuck ist das richtige Wort.

»Schmuck« sagt kein Mensch mehr!

Dann eben pittoresk, lenkte Fanni ein. Wie Rattenberg. Nur verspielter. Wie Rattenberg mit einem Touch von Disneyland.

Die Ähnlichkeit war wirklich frappierend. Je länger Fanni hinsah, desto mehr Gemeinsamkeiten zwischen Parndorf und Rattenberg fielen ihr auf.

Gab es in Parndorf tatsächlich eine Ecke, die dem Malerwinkel so sehr ähnelte?

Willst du in seligen Erinnerungen an einen vorweihnachtlichen Einkaufsbummel in Hans-Dieters Arbeitszimmer Wurzeln schlagen?

Fanni riss sich von den Bildern los und marschierte am Bücherregal entlang ans Fenster, wo sie zufrieden feststellte, dass Stefflinger noch immer draußen auf- und abging. Auf dem Rückweg fiel ihr ein lebensgroßer Torso ins Auge, auf dessen Schulter eine Box aus lackiertem Holz abgestellt war. Fanni griff danach, öffnete sie schnell und schloss sie gleich wieder, weil nur alte Quittungen darin aufbewahrt wurden.

Zurück am Schreibtisch begann sie, die Schubladen aufzuziehen. Darin fanden sich wichtige Schriftstücke – wie ein Grundsteuerbescheid (verteufelt hoch, sagte sich Fanni) – und belanglose – wie ein Packen abgelaufener Gutscheine von einem Einrichtungshaus – bunt durcheinandergewürfelt. Das Notizbuch fand sich nicht.

Es musste doch verflixt noch mal da sein, wenn sich nicht alles ganz anders abgespielt hatte, als sie und Sprudel glaubten.

Stefflinger könnte es entsorgt haben! Geschreddert!

Unwillkürlich hielt Fanni nach einem Papierkorb Ausschau, entdeckte ihn im Fußraum des Schreibtischs und sah, dass er überquoll. Ein paar zerknüllte Flyer, eine leere Konfektpackung und drei aufgeschlitzte Briefkuverts lagen bereits auf dem Boden um ihn herum.

Sie bückte sich, zog ihn heraus, und da sah sie es.

Cornelia Wolters' Notizbuch war zwischen Papierkorb und der Innenwand des Schreibtischs gerutscht.

Als aus der Diele plötzlich Stefflingers Stimme zu hören war, richtete sie sich so hastig auf, dass sie sich den Kopf an der Schreibtischkante stieß. Es gab einen hörbaren Rums.

Fanni hielt den Atem an.

»Hast du gehört, Anke-Schatz, Jegor war am Telefon. Er kommt etwas später, ist aufgehalten worden.«

Stefflinger musste direkt vor dem Arbeitszimmer stehen.

Fanni ließ das Notizbuch in ihre Hosentasche gleiten und verschanzte sich hinter der halb offenen Tür.

Du schaust dir eindeutig zu viele Krimis im Fernsehen an! Bei Bella Block kommt ein Einbrecher vermutlich ungeschoren davon, wenn er sich hinter der Tür versteckt. In der Realität sieht das ganz anders aus!

Falls die Gedankenstimme einen Grabspruch dazu parat hatte, wurde sie von Stefflinger daran gehindert, ihn zum Besten zu geben. Er stieß mit Schwung die Tür ganz auf, und hätte Fanni nicht geistesgegenwärtig die Hände vor sich gehalten, hätte sie sich eine blutige Nase geholt.

Ertappt! Gleich schnappt er dich!

Doch bevor Stefflinger eintreten konnte, meldete sich erneut sein Mobiltelefon.

Die Tür wurde zugeworfen.

Jetzt aber nichts wie weg!

Fanni schlich ans Fenster und sah ihn abermals im Innenhof auf- und abgehen.

Da kam sie der Anweisung ihrer Gedankenstimme so eifrig nach wie selten sonst.

Kurz darauf saß sie wieder neben Sprudel am Tisch, merklich bemüht, ihren heftigen Atem unter Kontrolle zu bringen.

Sprudel warf ihr einen argwöhnischen Blick zu, doch Fanni vermied es, ihm in die Augen zu sehen.

Als Stefflinger hereinkam, sprang Anke auf. »Mir fällt gerade ein … Ja natürlich, wie konnte ich bloß …? Ihr entschuldigt mich für einen Moment?«

Eine bessere Gelegenheit, die Kurve zu kratzen, wird sich so schnell nicht mehr bieten.

Hastig stand Fanni ebenfalls auf und verkündete, es sei ohnehin höchste Zeit, sich zu verabschieden.

Anke, die bereits auf dem Weg nach draußen war, wirbelte herum. »Sie sind doch gerade erst gekommen.«

Automatisch warf Fanni einen Blick auf ihre Armbanduhr, der ihr sagte, dass sie schon zwei geschlagene Stunden bei den Stefflingers hockten.

Hans-Dieter griff nach der Weinflasche. »Ein Gläschen noch zum Ausklang. Eines, bei dem Sie uns erzählen, was Sie heute noch Schönes vorhaben und wie es Ihnen hier bei uns in Rattenberg gefällt.«

Was für eine Frage, nachdem »hier bei uns in Rattenberg« zwei Menschen abgemurkst wurden!

Sprudel machte der Sache ein Ende. »Wir haben uns zur Besichtigung der Nagelschmiedhäuser angemeldet.«

Das war komplett gelogen, aber es wirkte. Hans-Dieter begleitete sie hinaus.

Im Innenhof gab es noch mal einen kurzen Aufenthalt, weil Hans-Dieter sie auf ein Bänkchen aus Wurzelholz nötigte – »… ein ganz spezielles Erlebnis für die Sinne …« –, dann ließ er sie endlich gehen.

Eilig liefen sie auf die Innpromenade zu, um aus Hör- und Sichtweite der Stefflingers zu kommen.

Erst auf Höhe des Inntors machte Fanni halt und veranlasste damit auch Sprudel, stehen zu bleiben.

Sie zog ihn zu einem niedrigen Mäuerchen, das am Ufer entlanglief, und ließ sich darauf nieder. Sprudel setzte sich neben sie, jedoch nicht, ohne sich zuvor argwöhnisch umzublicken.

Fanni griff in ihre Hosentasche. »Schau, was ich gefunden habe. Du wirst Augen machen.«

Das tat er. Sprudel zeigte angemessenes Erstaunen und stieß gleich darauf einen tiefen Seufzer aus. »Hab ich's doch geahnt, dass du nicht davor zurückschreckst, bei Stefflingers herumzuschnüffeln. Wie konntest du so ein Risiko eingehen?«

Fanni lächelte entwaffnend. »Hat es sich nicht gelohnt?«

Sie setzten sich bequemer zurecht. Hier war es viel ruhiger als in der Stadt. Und es gab weder Nischen, in denen sich jemand verbergen konnte, um im geeigneten Moment zuzuschlagen, noch dichte Büsche oder parkende Fahrzeuge, die einen Sichtschutz boten. Freier Ausblick das Innufer hinauf und hinunter.

Sprudel schlug Cornelia Wolters' Notizbuch auf und begann, darin zu blättern. Nach einer Weile sah er stirnrunzelnd auf. »Es hat sich nichts daran geändert, dass ich aus der Auflistung von Rattenbergs Sehenswürdigkeiten, den Zahlen und den paar Wörtern, die dazwischengekritzelt sind, nicht schlau werde. Hier ist übrigens eine kleine Skizze und da noch eine.« Er ließ das Büchlein sinken. »Aber weder die eine noch das andere sagt mir etwas. Dir vielleicht?«

Fanni schüttelte mutlos den Kopf.

»Wir müssen uns mit jemandem zusammentun, der Einblick in die Stadtplanung hat«, sagte Sprudel. »Am besten jemand vom Bauamt oder vom Kataster.«

Fanni wollte schon zustimmend nicken, dann sagte sie jedoch: »Womit wir genauso weit wären wie Cornelia Wolters. Nämlich bei der Frage: Wem können wir trauen?«

Sprudel brütete schweigend vor sich hin.

Was habt ihr jetzt davon, das Notizbuch wiederzuhaben? Nix! Stefflingers Arbeitszimmer auf den Kopf zu stellen hättest du dir schenken können!

Frustriert stand Fanni auf. »Lass uns zum Hotel zurückgehen. Wir haben beide eine Mittagsrast nötig.«

Schleppend setzten sie ihren Weg fort, blieben sogar hie und da stehen, um einen Blick aufs Wasser zu werfen oder auf eins der Gebäude, die das Innufer säumten, und sahen sich alle Augenblicke nach etwaigen Verfolgern um.

Kurz vor der Brücke machten sie erneut halt und schauten zurück. Sprudels Blicke tasteten die Umgebung ab, als ob er nach etwas ganz Bestimmtem suche.

Fanni beobachtete ihn aufmerksam.

Er schritt einen Halbkreis ab und richtete die Augen dabei konzentriert nach Südosten. »Das Haus dort drüben …«

Fanni wartete ab.

»Wir sollten es uns von vorn ansehen«, sagte Sprudel und strebte auch schon in die angedeutete Richtung.

Wozu? Will er es kaufen? »Er zog an den Inn, eines Tages lag er drin!«

Fanni verdrehte die Augen – zum einen wegen des idiotischen Spruchs der Gedankenstimme, zum andern weil Sprudel wie von unsichtbaren Händen gesteuert auf etwas zuhastete.

Sie beeilte sich, ihn einzuholen.

Vor einer prächtig restaurierten Eingangstür blieb er stehen. »Da bin ich herausgekommen.«

Unwahrscheinlich, dachte Fanni. Das Haus schien ihr viel zu herrschaftlich, viel zu respektabel, als dass sie es mit Verbrechern in Verbindung hätte bringen wollen.

Trotzdem eilte ihr Blick über den Eingang und suchte nach einem Namensschild. Vergeblich. Nach zwei weiteren fruchtlosen Versuchen blieb er am goldglänzenden Türknauf hängen.

Fanni fragte sich, ob abgeschlossen war. Zögernd hob sie die Hand.

»Wen haben wir denn da?«

Fanni zuckte so heftig zusammen, dass sie sich den Ellbogen schmerzhaft an dem gusseisernen Löwenkopf schlug, der an der Tür prangte.

Sie fuhr herum und sah Sprudel jemandem zuwinken. Erstaunlicherweise schaute er dabei schräg nach oben.

Als Fanni seiner Blickrichtung folgte, sah sie, wer gerufen hatte.

Auf einem winzigen Balkon am Haus vis-à-vis saßen Emmi Schwan und ihr Sohn. Zwei Tassen und eine Kanne standen auf dem Klapptischchen zwischen ihnen.

»Kommen Sie doch auf ein Tässchen hoch«, rief Emmi Schwan. »Für Sie beide ist schon noch Platz.« Sie schüttelte die Kanne. »Und Kaffee gibt es noch genug.«

Fanni warf Sprudel einen fragenden Blick zu. Kaffee oder Mittagsschlaf?

Daraufhin machte Sprudel eine kaum merkliche Bewegung zu der Haustür hin, die ihn so magisch angezogen hatte, und Fanni verstand, was er ihr damit sagen wollte. Von Nachbarn, die den Zugang zu dem Gebäude, aus dem er geflohen zu sein glaubte, direkt vor Augen hatten, musste wohl einiges darüber zu erfahren sein.

Sie saßen auf dreibeinigen Falthockern, wie Angler sie benutzen, weil der Balkon für richtige Stühle zu klein war. Die Sitzgelegenheit war jedoch bequemer, als Fanni gedacht hatte. Der Kaffee schmeckte gut, vertrieb die Mattigkeit.

Sprudel fackelte nicht lang. »Wer wohnt denn hier gegenüber?«

Dieses Wiedererkennen muss ihn ganz schön geschockt haben, sonst würde er besonnener vorgehen!

Emmi Schwan deutete mit dem Daumen über die Schulter. »Da drüben?«

Sprudel nickte.

Emmi Schwan lächelte derart mitleidig, als wäre Sprudels Unkenntnis ein peinliches Gebrechen.

»Das ist das Baumeisterhaus«, sagte sie dann wie zu einem Kind. »Irgendwann um 1500 herum gebaut, ist es immer in Familienbesitz geblieben, und es heißt auch heute noch wie damals, obwohl längst kein Baumeister mehr drin wohnt.« Sie schaute Sprudel erwartungsvoll an, als müsse er nun wissen, in wessen Besitz es war.

Sprudels Gesichtsausdruck zeigte sich blank.

Fanni dagegen fiel ein, was Cornelia Wolters am Abend vor ihrem Tod über die Stolzers aus Deggendorf erzählt hatte: Ein Ur-Ur-Urahn der Sippe war vor Jahrhunderten in Rattenberg als Baumeister tätig gewesen und hier sesshaft geworden. Die Stolzers stammten von ihm ab.

Fanni versuchte sich an den Wortlaut dessen zu erinnern, was Cornelia Wolters gesagt hatte: »… längst vergessen und begraben, wäre mein Bruder nicht so ein Maulwurf, der mit Vorliebe in halb zerfallenen Urkunden gräbt. So ist er auf die bayerischen Stolzers gekommen und hat Verbindung mit ihnen aufgenommen.«

Martin Steber hatte »die bayerischen Stolzers« ausfindig gemacht, die – erstaunlich genug – noch immer so hießen wie ihr Ahnherr. Für die »Tiroler Stolzers«, die das Baumeisterhaus geerbt haben mussten, traf das nicht zu. Ihr Name hatte sich offenbar im Laufe der Jahrhunderte verloren. Aber sie waren es, die an der Quelle saßen und Zugang zu den alten Dokumenten hatten.

Die Tiroler Stolzers, wurde Fanni klar, hießen in heutigen Zeiten Steber. Cornelia Wolters musste eine geborene Steber sein. Ihr Bruder, Martin Steber, war vermutlich der Erbe des Baumeisterhauses, und er wühlte für sein Leben gern in den alten Urkunden.

Fanni hätte beinahe »Donner und Doria« gesagt.

Warum schluckst du es hinunter? Hofer würde sich freuen! »Still ruhet er an diesem Ort, seine Sprüche leben fort!«

Lieber Gott, lass das aufhören, dachte Fanni. Diese Grabsprüche machen mich fertig.

Tief im Innern wusste sie, dass die neue Marotte ihrer Gedankenstimme erst vorbei sein würde, wenn dieser Fall gelöst war.

Emmi Schwan schien ihr Mienenspiel genau beobachtet zu haben, denn sie lächelte wie eine Mutter, deren Dreijähriger zwei und zwei zusammengezählt hat, und meinte: »Sagen Sie es uns.«

Fanni deutete mit einer fast großspurigen Geste auf das gegenüberliegende Gebäude, das ihnen sein imposantes Portal und einen mit Steinreliefs verzierten Erker zuwandte. »Das Baumeisterhaus gehört Martin Steber.«

»Und darauf ist er sehr, sehr stolz«, fügte Emmi Schwan hinzu.

Ihr Sohn Toni sagte in gedämpftem Ton: »Aber nicht mehr lange.«

Fanni horchte auf, wollte nachhaken.

Emmi Schwan winkte jedoch ab. »Gerüchte, nichts als Gerüchte. Martin würde nie verkaufen.«

»Man sagt, das hat er schon«, sagte ihr Sohn.

Emmi Schwan zog eine Grimasse. »Und ich glaube es nicht. Dass er sich bei den Renovierungsarbeiten finanziell übernommen hat, mag ja stimmen. Der Fliesenleger hat mir selbst erzählt, dass er seit Monaten auf sein Geld wartet.«

»So wie der Zimmerer, der Installateur, der Maler, alle Handwerker halt«, sagte Toni.

»Trotzdem glaube ich nicht, dass Steber gezwungen war zu verkaufen«, fuhr Emmi Schwan fort. »Cornelia hätte ihm unter die Arme gegriffen, sein Cousin von der Sparkasse hätte ihm einen Kredit verschafft, Ziller hätte –«

»Und warum sieht man Martin dann nicht mehr durchs Hauptportal gehen?«, unterbrach Toni sie. »Er benutzt in letzter Zeit nur noch den Seiteneingang zum Anbau.«

»Dafür kann es doch alle möglichen Gründe geben«, entgegnete seine Mutter. »Vielleicht wird im Hausflur noch Fußboden verlegt und geweißelt, was weiß ich? Jedenfalls sieht man abends im großen Zimmer das Licht brennen.«

Toni zog kritisch die Brauen hoch, verfolgte das Thema jedoch nicht weiter. Stattdessen sagte er: »Ich muss los, habe Linhart versprochen, pünktlich um halb vier vor Ort zu sein.«

Seine Mutter wirkte alarmiert, sagte jedoch nichts. Toni legte ihr die Hand auf den Arm. »Zeugwart oder nicht, Martin kann Linhart nicht verbieten, dabei zu sein, wenn er Cornelias Sachen aus der Garderobe räumt.«

»Und das macht er heute?«, fragte Emmi.

Toni nickte. »Er meint, wenn wir offiziell abbauen, ist zu wenig Zeit dazu. Und das ist ja nicht mehr lange hin – das weißt du doch.« Er kramte in der Hosentasche nach seinem Schlüsselbund, zog ihn heraus und klimperte damit herum, während er aufstand. Seine Mutter warf ihm einen missbilligenden Blick zu. Plötzlich stutzte sie.

»Warum hast du den Schlüsselanhänger wieder abgemacht, den Aija dir geschenkt hat?«

Tonis Miene trübte sich. »Den muss ich verloren haben. Ich hab schon alles danach abgesucht und weiß nicht, wo ich noch nachschauen könnte.«

»Schade drum«, sagte seine Mutter. »Hat Aija nicht extra was eingravieren lassen?«

Toni nickte. »Ich hoffe wirklich, er taucht wieder auf.« Damit verließ er den kleinen Balkon, trat kurz darauf aus dem Haus auf die Straße und ging davon.

Fanni hatte so viele Fragen, dass sie nicht wusste, mit welcher sie anfangen sollte.

Sprudel schien die Wahl bereits getroffen zu haben. »Bei diesen jahrhundertealten Bauten fallen wohl ständig Renovierungsarbeiten und Sanierungsarbeiten an. Gutachten müssen erstellt, Pläne ausgearbeitet werden.« Er machte eine kurze Pause, vergewisserte sich, dass Emmi Schwan aufmerksam zuhörte. »Rattenberg muss für Architekten und Bauzeichner ein goldenes Pflaster sein. Umso erstaunlicher ist, dass Linhart seine Zelte hier abgebrochen hat.«

Emmi beugte sich über den Tisch, sodass ihre Nase fast an Sprudels stieß. »Was glauben Sie, wie wir uns alle darüber gewundert haben? Linhart muss gute Gründe gehabt haben, sehr gute. Was für welche, hat er nicht rausgelassen.«

»Vielleicht war es ja der ständige Ärger mit Steber, der ihn vertrieben hat«, meinte Sprudel.

Emmi lachte spröde auf. »Garantiert nicht. Die Sache mit Steber wäre für Linhart eher ein Anlass gewesen zu bleiben.« Sie verstummte, verfiel ins Grübeln. Nach einer Weile fügte sie hinzu: »Es müssen wirklich außerordentliche Gründe gewesen sein, die Linhart bewogen haben, Steber das Revier zu überlassen. Eine Zeit lang hielt sich das Gerücht, er habe einen gewaltigen Auftrag an Land gezogen, der einen Umzug nach Innsbruck erforderlich gemacht hat.«

»Gibt es denn Hinweise, dass ein Großprojekt geplant ist?«, fragte Sprudel. »Davon würden doch die Zeitungen berichten, oder nicht?«

»Sowieso«, erwiderte Emmi. »Und eben weil nichts bekannt wurde, hat sich das Gerücht bald in Luft aufgelöst.«

Obwohl Fanni bisher keine Gelegenheit gehabt hatte, mehr als ein paar belanglose Sätze mit Linhart zu wechseln, verfügte sie mittlerweile über ein recht lebendiges Bild seiner Person. Und das sagte ihr, dass einer wie Linhart sein Emporkommen kaum geheim gehalten hätte. Er hätte Steber spüren lassen, wer von ihnen beiden auf dem Weg nach oben war.

Was ließ ihn schweigen?

Von jäher Unrast befallen, verlagerte Fanni ruckartig die Position auf ihrem Falthocker und wäre umgekippt, hätte es genug Platz dazu gegeben. Irgendein vergessenes Detail, das wie ein Dorn mit Widerhaken wirkte, geisterte durch ihren Kopf und raubte ihr die Ruhe. Es hatte mit Linhart zu tun. Mit Linhart und Steber. Was war das bloß, das da an die Oberfläche wollte? Fanni kam einfach nicht dahinter.

Sprudel schien ihre plötzliche Nervosität als Zeichen zum Aufbruch zu interpretieren und stand auf. Fanni zögerte. Sie hätte noch Fragen gehabt. Eine ganze Menge sogar. Doch bevor sie auch nur eine davon stellen konnte, hatte sich auch Emmi Schwan erhoben. Fanni blieb nichts anderes übrig, als ihrem Beispiel zu folgen.

9

Als sie auf die Straße traten, rieb sich Sprudel den Rücken. »Für mich ist so ein Anglerhocker das reinste Folterinstrument.«

Fanni warf einen erschrockenen Blick zu dem Balkon über ihnen, aber Frau Schwan war nicht dorthin zurückgekehrt.

Hältst du Sprudel für so ungehobelt? Er hat sich doch längst verge-wissert, dass die Luft rein ist!

Und das aus gutem Grund, dachte Fanni, als sie merkte, wohin er steuerte.

Vor dem Portal des Baumeisterhauses blieb er stehen, hob die Hand und drehte am Türknauf.

Fanni hielt die Luft an und stieß sie im nächsten Augenblick enttäuscht aus.

Abgeschlossen. Auch Rütteln zeigte keine Wirkung.

Sie zog Sprudel am Ärmel. »Komm weg hier, bevor jemand mitkriegt, was wir da tun.«

Das Baumeisterhaus erstreckte sich bis zu einer Ecke, wo eine schmale Gasse abbog und zur Rückseite führte. Das Gemäuer wies hier zahlreiche Nischen und Vertiefungen auf.

In einer davon entdeckte Fanni eine unscheinbare Tür. »Schau mal. Ob das der Nebeneingang ist, von dem Emmi Schwan – oder war es ihr Sohn – gesprochen hat?«

Sprudels Hand lag bereits auf der Klinke. Er drückte sie hinunter. Erfolglos. Ebenfalls abgeschlossen.

Fanni konnte spüren, wie sehr es ihn danach verlangte, in dieses Gebäude hineinzukommen, es von innen zu sehen. Zum einen, um feststellen zu können, ob er tatsächlich darin einge-sperrt gewesen war. Zum andern, um die Halle mit den Kunst-gegenständen und den Bauplänen einer genaueren Inspektion zu unterziehen. Es tat ihr leid, dass es keine Möglichkeit zu geben schien, es zu betreten.

Sie wollte schon weitergehen und Sprudel mitzerren, als ihr Blick auf ein kleines Fenster an der Schmalseite der Nische fiel. Es befand sich nicht weit über dem Boden und war nur angelehnt.

Sie drückte es auf, dachte nicht lange nach, hielt sich links und rechts am Rahmen fest und begann, sich durchzuschieben.

Doch plötzlich machte sie wieder halt. Sollten sie wirklich hier …

… einbrechen! Was du vorhast, erfüllt exakt diesen Tatbestand!

Fanni erwog, sich zurückzuziehen, doch Sprudel ließ es nicht zu.

Er stand dicht hinter ihr und schob sie weiter. »Keine Angst, Steber ist ja mit der ganzen Mannschaft auf dem Schlossberg.«

Von jemand anderem ertappt zu werden, mussten sie ebenfalls nicht fürchten, denn in die schmale Seitengasse schien sich niemand zu verirren. Und selbst wenn ein paar Touristen hier auftauchten, hätten sie Fanni und Sprudel in der Nische nicht gleich entdeckt.

»Aber wir wissen gar nicht …«, begann Fanni, doch Sprudel schob jetzt so kräftig, dass sie nicht dagegenhalten konnte.

Sie stieg über den Fenstersims und sprang auf der anderen Seite auf den Boden. Im nächsten Augenblick landete Sprudel neben ihr.

Ohne sich auch nur einen Augenblick lang umzusehen, eilte er den schmalen Flur entlang, der sich vor ihnen auftat, öffnete hastig eine Tür nach der andern, schüttelte den Kopf, schloss sie wieder.

In diesem Teil des Hauses war offensichtlich nicht renoviert worden. Die Wände zeigten sich fleckig, der Fußboden bestand aus uralten Steinplatten. Was sich hinter den Türen befand, konnte Fanni nicht erkennen, weil Sprudel sie, kaum geöffnet, wieder zuschlug.

Am Ende des Flurs versperrte eine eisenbeschlagene Pforte den Weiterweg. Mit einer energischen Bewegung, als wäre er hier der Hausherr, schob Sprudel den Riegel zurück und drückte sie auf.

In Rattenberg scheinen die Häuser so verpflichtend über einen Innenhof zu verfügen wie Ritterburgen über Folterkammern!

Dieser hier war hässlich. Trist, grau, ungepflegt, heruntergekommen.

Sprudel trat hinaus, musterte das Gemäuer ringsum, nickte ein paarmal. Schließlich machte er eine Handbewegung, aus der Fanni nicht recht schlau wurde. Erst als er sagte: »Von dort bin ich gekommen, aber wo bin ich hineingegangen?«, begriff sie, was er damit hatte ausdrücken wollen.

Offenbar erkennt er diesen hässlichen Ort tatsächlich wieder!

Mittlerweile hatte Sprudel sich umgedreht und studierte die Tür, aus der sie getreten waren, als zweifelte er an ihrer Existenz. »Da passt was nicht zusammen. Irgendetwas war gestern anders.« Er dachte eine Zeit lang nach, dann sagte er mit Überzeugung: »Hier ist gestern kein Eingang gewesen, das wäre mir aufgefallen.«

Erneut ließ er den Blick über die schadhaften Mauern wandern. Plötzlich deutete er auf einige alte Bretter, die einen halben Meter entfernt auf einem Haufen lagen. »Der war zugenagelt – aber anderswo muss ...« Er verstummte, seine Augen suchten wieder die Wände ab. »Da.« Abrupt setzte er sich in Bewegung.

Fanni eilte hinter ihm her.

Im Laufschritt überquerte Sprudel den Hof, hielt auf ein Türchen zu, das von den Zweigen eines vertrockneten Strauches fast verdeckt war.

Als sie näherkam, konnte Fanni sehen, dass es einen Spaltbreit offen stand. Sprudel drückte es ganz auf und war im nächsten Moment verschwunden.

Fanni stolperte über die Schwelle.

»Vorsicht«, sagte Sprudel. »Der Boden ist uneben, und gleich kommt eine Stiege.«

Er nahm sie an der Hand und führte sie. Als Fannis Augen sich an das Halbdunkel gewöhnt hatten, konnte sie vor sich eine steile Treppe erkennen. Sprudel begann hinaufzusteigen, und sie folgte ihm über eine Reihe knarzender Stufen.

Auf einmal hörte sie über sich Türangeln quietschen, schrak zusammen und blieb wie erstarrt stehen.

»Komm nur«, rief Sprudel gedämpft von oben. »Keiner da außer uns. Komm. Schau, hier war ich gestern. Durch den Tunnel bin ich aus dem Verlies in den Innenhof gelangt, von dort in den Raum mit den Ausstellungsstücken, dann quer durch den Bereich mit dem Arbeitstisch und über einen Flur zu dem Portal, das auf die Gasse hinausgeht.«

Fanni überwand die restlichen drei Stufen, machte ein paar Schritte ins Licht und sah sich unversehens von lebensgroßen Figuren umringt. Entgeistert wich sie zurück.

Im nächsten Moment fühlte sie Sprudels Arm um die Schultern. »Keine Angst, die rühren sich nicht von der Stelle. Die sind alle aus Stein. Komm, wir müssen da rüber.«

Fanni ließ sich nur widerwillig mitziehen, denn sie hing gerade dem Gedanken nach, wie Sprudel wohl in das Kellergewölbe hineingekommen war, in das man ihn gesperrt hatte.

Garantiert nicht durch ein unterirdisches, halb überflutetes und teils sogar zugemauertes Tunnelsystem! Man hat ihn auf direktem Weg hingeschafft!

Eben, dachte Fanni. Und das bedeutet, dass er nicht durch das Baumeisterhaus verfrachtet wurde. Das Verlies muss unter einem anderen Gebäude liegen.

Sprudel machte vor einem riesigen Arbeitstisch halt, der mit Dutzenden von Bauplänen und allen möglichen Schriftstücken übersät war. »Hier, das sind die Papiere, auf die ich gestern kaum geachtet habe. Die sehen wir uns jetzt mal genauer an.«

Fanni trat neben ihn. Auf dieser Tischplatte mochte die Antwort auf die Frage liegen, was die Eintragungen in Cornelia Wolters' Notizbuch besagten.

Sie wollte sich gerade über die Schriftstücke beugen, um sie zu sichten, als ihr Blick an einer Stellwand hängen blieb, an der bunte Plakate hingen. Sie fasste die Abbildungen näher ins Auge und erkannte, dass sie Ansichten eines Städtchens aus verschiedenen Blickwinkeln zeigten.

Das sind doch die Hausfassaden von Rattenberg?

Irgendwie schon, irgendwie aber auch wieder nicht, dachte Fanni.

Auf den Plakaten wirkten sie wie Kulissen.

Rattenberg aus Pappmaché für die nächste Theatersaison!

Hatte man vor, kommenden Sommer auf dem Schlossberg das Städtchen en miniature nachzubilden?

Wozu? Welches Stück konnte vor einer derartigen Kulisse aufgeführt werden?

»Der Kanzler von Tirol«!

Kanzler Biener. Es war nicht auszuschließen, dass sein Leben und Sterben in einem Theaterstück verewigt worden war, und durchaus naheliegend, dass die Rattenberger es spielen wollten.

Fanni warf einen letzten Blick auf die abgebildeten Hausfassaden und wollte sich schon abwenden, als ihr in den Sinn kam, dass sie viel zu perfekt waren, um als mittelalterliche Bauten durchzugehen.

Sie musterte sie erneut und hatte auf einmal das Gefühl, in irgendeinem Winkel ihres Hirns müsse die richtige Antwort auf dieses »Wozu« sitzen.

Sie stimmen nicht ganz mit der Wirklichkeit überein! Das Apothekerhaus zum Beispiel ...

Die Gedankenstimme hatte recht. Einige Fassaden trugen Verzierungen, die es an den echten Rattenberger Häusern nicht gab. Verspielt, mit einem Hang zum Kitsch.

Fanni schloss die Augen, um sich besser konzentrieren zu können. Woran erinnerte sie das Ganze?

Das Geräusch von sich nähernden Schritten riss sie aus der Versenkung. Sie warnte Sprudel mit einem leisen Zischlaut und schlüpfte hinter die Stellwand.

Sprudel blickte irritiert von dem Schriftstück auf, das er gerade in der Hand hielt, und folgte ihr hastig.

Kaum befand er sich in Deckung, konnte Fanni durch eine der Fugen in der Stellwand beobachten, wie ein stämmiger Mann den Raum betrat, auf den Arbeitstisch zuging und damit begann, in den Unterlagen zu wühlen. Hin und wieder murmelte er Unverständliches, schien sich über etwas zu ärgern.

Sprudel, der ebenfalls durch eine der Fugen linste, machte

ihr plötzlich Zeichen. Fanni nickte. Sie hatte längst bemerkt, dass es sich um denjenigen handeln musste, den sie Tattoo-Mann nannten, denn auf seinem Handrücken war deutlich eine Tätowierung zu erkennen.

Fanni deutete auf das Blatt in Sprudels Hand. Was, wenn der Kerl ausgerechnet danach suchte?

Sprudel machte eine hilflose Geste.

Ihr verduftet wohl besser!

Dazu hätten sie die Deckung hinter der Stellwand verlassen und direkt unter den Augen des Mannes quer durch den Raum stiefeln müssen.

Fanni schluckte. Sie konnten nicht ungesehen entkommen. So oder so, der Tattoo-Mann würde sie gleich am Schlafittchen haben.

Er trat soeben vom Arbeitstisch zurück und schaute sich um, als überlege er, wo er seine Suche fortsetzen könne.

Fanni warf Sprudel einen entsetzten Blick zu. Der nahm sie vorsichtig bei der Hand und signalisierte: abwarten.

Der Klingellaut eines Mobiltelefons durchschnitt die Stille im Raum und erschreckte Fanni derart, dass sie beinahe aufgeschrien hätte.

Der Tattoo-Mann griff lässig in seine Gesäßtasche, meldete sich mit einem unverständlichen Wort, brummte ungehalten und begann, auf- und abzugehen. Dabei entfernte er sich weiter und weiter, verschwand schließlich aus dem Sichtfeld.

»Schnell jetzt«, wisperte Sprudel.

Er packte Fannis Hand fester, schlich mit ihr ans linke Ende der Stellwand und sprintete dann in Richtung des Saales, in dem sich die Figuren befanden.

Sie huschten an ihnen vorbei, erreichten die Stiege. Irgendwo hinter ihnen blaffte der Tattoo-Mann in sein Mobiltelefon. Er musste wohl wieder zurückgekommen sein.

Wie redet denn der?

Russisch, dachte Fanni. Und die Buchstaben auf dem Schriftstück, das Sprudel noch immer in der Hand hält, sind kyrillisch, möchte ich wetten.

So kyrillisch wie die auf dem Schlüsselanhänger, den Hofer gefunden hat?

Genau so, dachte Fanni. Und der vermutlich Toni, dem Sohn von Emmi Schwan, gehört, was immer das zu bedeuten haben mag.

Darüber nachzugrübeln musste sie auf später verschieben, denn die knarzenden Stufen möglichst geräuschlos zu überwinden beanspruchte ihre gesamte Aufmerksamkeit.

An der Tür zum Innenhof zögerte Sprudel. »Was, wenn der Kerl zufällig aus dem Fenster schaut?« Er warf einen prüfenden Blick hinaus. »Wir sollten versuchen, im toten Winkel zu bleiben.«

Und wo soll der sein?

Fanni überließ es Sprudel, das festzustellen, und folgte ihm in gebückter Haltung an der Mauer entlang, bis sie an die Tür kamen, durch sie zuvor in den Innenhof gelangt waren und die ihnen nun die Flucht aus dem Gebäude ermöglichen sollte.

Bereits eine Minute später stiegen sie durch das Fenster auf die Straße hinaus, wagten jedoch nicht, stehen zu bleiben, um Luft zu schöpfen, sondern hasteten ohne einen Blick zurück auf die Innbrücke zu.

Fanni und Sprudel machten kein einziges Mal halt, bis sie ihr Hotel erreicht hatten. Erst als sie in ihrem Zimmer ankamen, ließen sie sich in die beiden Polstersessel sinken, die den winzigen Glastisch flankierten, und atmeten erleichtert auf. Von seinem Platz aus angelte Sprudel zwei Flaschen Mineralwasser aus der Minibar.

»Die Stefflingers müssen das Baumeisterhaus gekauft haben«, sagte Fanni, sobald sie genug Luft zum Reden hatte. Unterwegs hatte sich in ihrem Kopf Verschiedenes getan. »Damit fügt sich eins zum andern«, erklärte sie großsprecherisch.

Sprudel hob fragend die Brauen.

»Zum einen«, begann Fanni und streckte dabei den Daumen aus, »lag in Stefflingers Schreibtisch eine Rechnung vom Finanzamt – Grunderwerbssteuer. Ein hübscher Batzen. Zum andern«, sie ließ den Zeigfinger folgen, »gab es eine Menge Unterlagen über das Outletcenter Parndorf. Eine Ansichtskarte war auch dabei. Häuser im Designerstil.« Sie sah Sprudel ermunternd an, als wolle sie es ihm überlassen, die Pointe vorzutragen.

Doch Sprudel schien keine Ahnung zu haben, worauf sie hinauswollte.

»Hast du dir die Plakate an der Stellwand im Baumeisterhaus nicht angesehen?«, fragte Fanni tadelnd. »Rattenbergs Hausfassaden im Designerstil.«

Sprudel schien langsam ein Licht aufzugehen, und sie fuhr fort: »Dazu passen sämtliche Informationen, die wir zusammengetragen haben.« Der Mittelfinger gesellte sich zu Zeigefinger und Daumen. »Cornelias Wolters' Bruder Martin Steber ist in Geldnot, muss sein Erbe verscherbeln.«

Sprudel hob die Hand, um sie zu stoppen. »Das ist nur ein Gerücht.«

»Stimmt«, gab Fanni zu. »Aber spricht nicht alles dafür, dass es zutrifft? Damit ließe sich sogar Stebers neu entflammter Hass auf Linhart erklären.«

Sie lächelte geradezu vergnügt, als sie Sprudels verblüfften Gesichtsausdruck sah, denn sie war selbst überrascht gewesen, als ihr unterwegs ein Zusammenhang klar geworden war, der eine recht logische Schlussfolgerung zuließ. Anstatt nun den Ringfinger auszustrecken, hielt sie die Hand hoch und spreizte alle fünf Finger ab. »Denk dran, welchen Beruf Linhart hat!«

Sprudel blinzelte verwirrt.

»Ar-chi-tekt«, sagte Fanni gedehnt.

Und das macht ihm Steber zum Feind?

Sprudel schien ähnlich zu denken. Er zuckte aber mit keiner Wimper.

»Lass dir mal folgende Theorie durch den Kopf gehen«, sagte Fanni. »Linhart hat für die Renovierung des Baumeisterhauses Pläne gezeichnet, Berechnungen angestellt, was weiß ich. Dabei ist ihm – absichtlich womöglich – ein Fehler unterlaufen, der Martin Steber in die Bredouille gebracht hat.«

»Warum sollte Linhart mit Absicht –«, warf Sprudel ein.

Fanni ließ ihn nicht ausreden. »Weil Stefflingers ihn geschmiert haben, um in den Besitz des Baumeisterhauses zu kommen. Sie konnten sich wohl ausrechnen, dass Steber außergewöhnlichen finanziellen Belastungen nicht gewachsen sein würde und über kurz oder lang gezwungen wäre, das Haus zu verkaufen.«

Sprudel hatte sich zurückgelehnt. Er sah nun wieder erschöpft aus. »Steber hätte niemals Linhart mit etwas beauftragt. Spinnefeind, wie die beiden sich waren.«

»Steber nicht«, gab Fanni zu. »Aber Linhart ist im städtischen Bauausschuss. In bestimmten Fällen *muss* er vermutlich hinzugezogen werden.«

Während sie sprach, hatte Sprudel die Augen geschlossen. Seine Gesichtshaut changierte ins Graue. »Mag sein, dass alles so ist, wie du sagst. Aber wie erklären sich damit die Morde? Meine Entführung? Die Sache mit dem Notizbuch?«

»Das ich in Stefflingers Arbeitszimmer gefunden habe«, merkte Fanni mit Nachdruck an. »Wie man es auch dreht und wendet, die beiden sind die Schlüsselfiguren in diesem Fall.«

Sprudels Kinn sank ihm auf die Brust.

Fanni sprang auf, umfasste ihn mit beiden Armen und versuchte, ihn aus dem Sessel hochzuziehen. »Du musst dich aufs Bett legen, komm.«

Sprudel gab ein Ächzen von sich, schaffte es aber aufzustehen und ließ sich von Fanni führen. Die Bettfedern protestierten, als sein Gewicht sie mit voller Wucht traf.

Fanni zog ihm die Schuhe aus und schaute einige Zeit auf ihn hinunter. Dann streifte sie ihre eigenen Schuhe ab und legte sich neben ihn.

Sprudel hat völlig recht, dachte sie. Nicht alle Puzzleteile fügen sich glatt ein.

Miss Marple ist wohl auf der falschen Fährte!

Nein, dachte Fanni. Der Ansatz stimmt. Muss stimmen. Die Frage ist, wo sich die vermeintlich nicht passenden Puzzleteile einbauen lassen. Die Tatsache zum Beispiel, dass die Stefflingers so unbedarft wirken und mit allen gut Freund sind, Steber inbegriffen.

Unvermittelt kam ihr in den Sinn, dass noch Puzzleteile fehlten. Diejenigen, die die Rolle des Tattoo-Manns erklärten, beispielsweise. Und diejenigen, die erhellten, was es mit dem Schlüsselanhänger auf sich hatte, den offenbar nicht Sprudels Entführer – wie Hofer wohl angenommen hatte –, sondern der Gendarm Adam, gespielt von Toni Schwan, verloren hatte. Ein Anhänger mit eingravierten kyrillischen Buchstaben.

Und diejenigen, die uns genau erklären, was die Eintragungen in Cornelia Wolters' Notizbuch zu bedeuten haben! Und diejenigen, aus denen hervorgeht, warum an der Stellwand im Baumeisterhaus eine verkitschte Version von Rattenberg hängt. Und diejenigen …

Fanni war eingeschlafen.

Als sie aufwachte, galt ihr erster Blick Sprudel. Was sie sah, ließ sie erleichtert aufatmen. Seine Gesichtsfarbe hatte sich normalisiert, sein Atem ging ruhig, seine Körperhaltung wirkte gelöst.

Ihr zweiter Blick galt dem Reisewecker auf dem Nachttisch. Achtzehn Uhr dreißig. Draußen schien noch die Sonne.

Ein kleiner Spaziergang, dachte sie, danach ein schönes Abendessen mit dem unentbehrlichen Glas Rotwein, das wird uns wieder in Schwung bringen. Vielleicht fällt dann auf einmal der Groschen, und die Lösung des Falles steht uns klar vor Augen, wer weiß?

Vielleicht ist im idyllischen Innenhof der Stefflingers inzwischen die Entscheidung gefallen, euch schleunigst um die Ecke zu bringen, wer weiß? »Die Gefahr war groß, die Chance klein, sie stolperten ins Grab hinein!«

Sprudel regte sich, tastete nach Fannis Hand. »Ich muss eingenickt sein.«

»Wir haben beide satte zwei Stunden geschlafen«, klärte Fanni ihn auf. »Jetzt drehen wir eine Runde und gehen anschließend abendessen.«

Sprudel zupfte am Stoff seines völlig verknautschten Hemdes. »Ich fürchte, vorher ist noch eine Generalüberholung nötig.«

Erst jetzt fiel Fanni auf, dass seine Stimme immer noch heiser klang und ein wenig hohl, so als wäre seine Nase verstopft. Sie erhob sich, um in ihrer Reiseapotheke nach einem passenden Mittel zu fahnden.

Sprudel stand ebenfalls auf und begann, sich aus seiner Kleidung zu schälen. Als er an den Bund der Unterhose griff, zuckte er zusammen.

Fanni schaute alarmiert auf. »Lass sehen.«

Die Wunde hatte sich entzündet und vergrößert.

Du hättest eine Mullkompresse drauftun sollen! So wird das nix. Das scheuert sich immer wieder von Neuem auf!

Hinterher weiß es wohl jeder besser, wies Fanni die Gedankenstimme in die Schranken.

Um kurz vor sieben waren sie ausgehfertig.

Sprudel wollte gerade die Tür öffnen, als das Telefon auf dem Nachttisch klingelte.

Wer ruft euch denn auf dem Zimmerapparat an?

Fanni fiel nur eine einzige Person ein, die von der Dame an der Rezeption ohne Federlesens zu ihnen aufs Zimmer verbunden werden würde: Kommissar Bär.

Will er euch bloß überwachen, oder will er wissen, ob ihr hier seid, weil er einen Haftbefehl für euch hat?

Sprudel nahm den Hörer ab, lauschte ein paar Sekunden, dann drückte er die Lautsprechertaste, und Fanni vernahm Anke Stefflingers Stimme. »… Sache geregelt. Linhart und Steber haben heute Nachmittag einen Waffenstillstand geschlossen. Die letzten vier Vorstellungen sollen friedlich und harmonisch über die Bühne gehen. Als Hans-Dieter und ich davon hörten, haben wir uns spontan entschlossen, das Ende der Krise mit einem Essen zu begehen. Das Büfett wird gerade aufgebaut …«

Fanni hörte nicht mehr hin.

Es war Ziller also gelungen, die beiden Kampfhähne zum Einlenken zu bewegen. Sein Wort musste wohl schwer wiegen.

Sie merkte wieder auf, als sie registrierte, dass Sprudel ihr Zeichen machte. »… ihr kommt doch«, hörte sie Anke sagen. »Ihr müsst einfach kommen. Ihr gehört doch mittlerweile dazu …«

Das ist eine Falle! Geht da nicht hin! Meldet die Sache bei der Polizei oder packt eure Siebensachen zusammen und flüchtet! An die Riviera, wo euer Häuschen steht. Da seid ihr vor allen sicher, könnt euch auf die Luftmatratze legen und im Meer schaukeln.

Auf einer Luftmatratze im blauen Meer zu schaukeln und an nichts Böses zu denken, könnte großartig sein, sinnierte Fanni. Aber dann würden wir nie erfahren, wer Sprudel entführt, wer Hofer und die Wolters ermordet hat, und zudem wäre uns die Polizei auf den Fersen.

Sie signalisierte Sprudel, er solle zusagen.

10

Wie tags zuvor mittags, war das Büfett auch an diesem Abend im Innenhof angerichtet.

Während des Tages war es wieder sehr heiß gewesen, und sogar jetzt war es noch so warm, dass einige Herren in kurzen Hosen erschienen waren. Anke trug einen mintgrünen Kaftan, Hans-Dieter Shorts und ein T-Shirt mit dem Aufdruck »Master of desaster«.

Fanni nahm sich ein Stück von dem gegrillten Zander, ein wenig Salat, ein paar Kartoffeln. Den vollen Teller und ein Glas Rotwein in der Hand hielt sie Umschau. Die Gäste hatten sich wie beim letzten Mal um Stehtische geschart, auf Bänken verteilt oder es sich in Sitzgruppen gemütlich gemacht.

Plötzlich sah sie den Tattoo-Mann. Sprudel musste ihn im selben Augenblick entdeckt haben, denn er berührte sie kurz am Arm und wies sie auf ihn hin.

»Wir reden mit dem Kerl, und zwar auf der Stelle«, sagte Fanni entschieden. Sie registrierte, dass er auf ein kleines Tischchen zusteuerte, an dem zwei Nostalgiestühle aus Schmiedeeisen standen, und folgte ihm.

Ein kurzer Blick über die Schulter zeigte ihr, dass Sprudel von Anke aufgehalten und mit Beschlag belegt worden war. Sie hatte ihn untergehakt und zog ihn soeben zu einem Beistelltisch am Büfett, auf dem in einer Riesenpfanne irgendetwas brutzelte.

Der Tattoo-Mann schob sich einen Stuhl zurecht, Fanni trat heran und griff nach dem anderen.

Er sah auf, lächelte und zeigte dabei strahlend weiße Zähne.

Ein gut aussehender Mann, dachte Fanni. Ein bisschen stiernackig, aber nicht unattraktiv.

Wer auf Tattoos steht, könnte seine helle Freude an ihm haben!

Momentan war nicht viel von den Tätowierungen zu sehen, denn das Hemd mit den umgeschlagenen Manschetten ließ nur die Handgelenke frei und ein schmales V am Hals.

Die dunklen, ein wenig schräg stehenden Augen blickten Fanni freundlich an.

Sie stellte ihren Teller auf den Tisch und setzte sich auf den Stuhl.

Der Tattoo-Mann war abwartend stehen geblieben.

Als Fanni saß, reichte er ihr die Hand. »Jegor Titow. Wir sind uns, glaube ich, noch nicht begegnet.«

Wenn das kein russischer Name ist, will ich Babuschka heißen!

Fanni schüttelte ihm die Hand, stellte sich kurz vor und fackelte dann nicht lang. »Ihr Name klingt russisch, aber Hans-Dieter hat neulich gesagt, Sie kämen aus Finnland. Was hat Sie vom Polarkreis nach Tirol verschlagen?«

Er lachte und zeigte seine prächtigen Zähne. »Geschäfte natürlich.«

Auftragsmord?

Als Fanni schon nachfragen wollte, welche, fügte er hinzu: »Kunsthandel.«

Fanni warf einen bezeichnenden Blick in die Runde. »Verstehe.«

»Ja«, bestätigte er. »Stefflingers sind sehr interessiert, kaufen das eine oder andere Stück ...«

»Kunsthandel«, das ist genauso ein Schwindel wie »Im- und Export«, damit will man nur Schweinereien verschleiern!

»... und im Laufe der Jahre haben wir uns angefreundet.« Er nahm nun ebenfalls Platz, schob die Hemdsärmel etwas weiter zurück und griff nach seinem Besteck.

Die Tätowierungen auf seinen Unterarmen waren jetzt gut zu erkennen. »Sind das Buchstaben?«, fragte Fanni. »Bedeuten sie etwas?«

Jegor Titow ließ das Besteck wieder sinken und musterte die Symbole, als müsste er sie erst studieren, bevor er darüber Auskunft geben konnte. Schließlich erklärte er: »Das sind kyrillische Buchstaben, sie sagen alles über meine Abstammung aus.«

Er hat sich seinen Stammbaum in den Arm ätzen lassen? Zurück bis zum Neandertaler?

Offenbar stand Fanni die Frage ins Gesicht geschrieben, denn Titow fuhr fort: »Unsere Familiengeschichte geht bis auf den Gründer der Burg Wyborg zurück.«

Wo soll die denn sein? Im Reich der Klingonen?

Der Blick, den Titow ihr daraufhin zuwarf, wirkte amüsiert, als wüsste er genau, wie exotisch der Name in Fannis Ohren klang. »Wyborg«, sagte er dann, »ist einmal eine bedeutende Handelsstadt gewesen.« Er zog mit dem Daumen eine imaginäre Linie übers Tischtuch und zeigte auf einen Punkt knapp unterhalb. »Heutzutage gehört das Stadtgebiet zu Finnland, liegt aber sozusagen nur einen Steinwurf von der russisch-finnischen Grenze entfernt. Wie es mit Grenzstädten oft so ist, war Wyborg mal unter finnischer, mal unter russischer Herrschaft. Leider hat es seine ursprüngliche Bedeutung längst eingebüßt und verfällt mehr und mehr.«

Er nahm sein Besteck wieder auf und widmete sich dem T-Bone-Steak auf seinem Teller.

Fanni beschloss, ihn in Ruhe ein paar Bissen essen zu lassen, schob sich ein Stück Kartoffel in den Mund und ließ den Blick diskret auf Wanderschaft gehen.

Anke hatte Sprudel noch immer am Wickel. Sie schaufelte gerade irgendetwas auf seinen Teller, ungeachtet dessen, dass er sich sichtlich bemühte, sie daran zu hindern.

Hans-Dieter war nirgends auszumachen.

Linhart saß mit einigen Darstellern, die Fanni von der Aufführung wiedererkannte, auf Bierbänken an einem Biertisch, der offenbar extra aufgestellt worden war.

Steber, ebenfalls in Gesellschaft einiger Darsteller, hatte einen Stehtisch gewählt.

So grün sind sich die beiden wohl trotz allem nicht, auch wenn sie das Kriegsbeil angeblich begraben haben!

Ziller strebte soeben aufs Büfett zu, wurde jedoch von Sigi Kamm abgefangen.

Warum scharwenzelt der Kerl eigentlich ständig um Ziller herum? Was macht der denn beruflich? Honneurs?

Fanni durchforstete ihr Gedächtnis, meinte irgendwann aufgeschnappt zu haben, dass Kamm in der Stadtverwaltung einen Posten innehatte.

Emmi Schwan unterhielt sich mit einem Herrn in Anzug und Krawatte, der Fanni bisher noch nicht untergekommen war.

Sie scheint sich aber für ihren Gesprächspartner nicht besonders zu interessieren!

Stimmt, dachte Fanni, nachdem sie Frau Schwan eine Weile beobachtet hatte. Sie schaut alle paar Sekunden in eine bestimmte Richtung.

Fanni folgte Emmis Blick und hatte Toni im Fokus. Den Arm um ein zierliches Mädchen gelegt, saß er auf einem Kubus aus Sandstein.

Fanni kniff die Augen zusammen, um die Gesichtszüge des Mädchens schärfer zu stellen.

Jung, hübsch, dunkelhaarig, ein wenig schräg stehende Augen, hohe Wangenknochen.

Könnte ein russisch-finnischer Abkömmling aus Wyborg sein!

Die Ähnlichkeit war unübersehbar.

Wodurch die kyrillischen Buchstaben auf dem Schlüsselanhänger wohl erklärt sind, den eine gewisse Aija dem smarten Toni geschenkt hat, der verloren ging und von Hofer gefunden wurde!

Die Verwandtschaft zwischen Titow und dem Mädchen war offensichtlich. Aber was nutzte es, sie zu kennen? Was nutzte es, zu wissen, dass Titows Tochter mit Adam, dem Gendarm, alias Toni Schwan liiert war? Ließ sich damit auch nur eine einzige von all den Fragen beantworten, die so dringend einer Antwort bedurften?

Die Gedankenstimme schwieg bedeutungsvoll.

Auf einmal verspürte Fanni das brennende Bedürfnis, sich mit Sprudel zu besprechen, an seiner Seite zu sein, seine Nähe zu fühlen. Erneut sah sie sich nach ihm um. Vielleicht konnten sie sich für ein Weilchen in eine Ecke zurückziehen und miteinander reden oder miteinander schweigen.

Offenbar hatte es Sprudel mittlerweile geschafft, Anke zu entkommen, denn die hing inzwischen an Lothar Zillers Arm.

»Sie haben ja noch fast nichts angerührt«, sagte Titow.

Fanni schrak zusammen, warf einen Blick auf seinen Teller und stellte fest, dass er leer war.

Titow wirkte verlegen. »Ich fürchte, ich bin ein – wie sagt man? – Vielfraß.«

Fanni brachte ein verbindliches Lächeln und ein verschwörerisches Zwinkern zustande. »Das Steak war winzig, schreit nach einem Nachschlag.«

Titow lachte sein Reklamelachen, nahm seinen Teller und machte sich auf zum Büfett.

Allein am Tisch zu sitzen erlaubte Fanni, sich unverhohlen nach Sprudel umzusehen.

Zu ihrer Verwunderung entdeckte sie ihn neben Linhart auf der Bierbank.

Es zog sie unwiderstehlich hinüber.

Du kannst aber deinen Tischgenossen nicht einfach –

Doch, schnitt Fanni ihrer Gedankenstimme das Wort ab. Anke Stefflinger hat es möglich gemacht. Titow ist ihr in die Fänge geraten.

Fanni ließ ihren noch halb vollen Teller stehen und eilte davon.

Gerade als sie an Linharts Tisch trat, erhob sich der Mann, der ihm gegenübersaß (Fanni identifizierte ihn als einen Räuber aus dem Stück), sodass sein Platz frei wurde.

Fanni nahm ihn, ohne lange zu fragen, ein.

Sprudel nickte zu ihr herüber, wandte dann aber seine Aufmerksamkeit wieder Linhart zu, der offenbar über Baustile referierte.

»... die Häuser der Inn-Salzach-Städte«, erklärte er gerade, »haben wenig mit italienischer Architektur zu tun, obwohl alle Welt ihren italienischen Charme preist. Sehen Sie sich bloß die Dächer an – die haben fast immer eine V- oder eine W-Form, sind also anders gestaltet als die in der Toskana beispielsweise. Und die Hausfassaden sind flächig, haben kleine Fenster ...«

Als er eine Atempause machte, hakte Fanni ein. »Kein Leichtes, diese alten Häuser instand zu halten.«

»Eine Mammutaufgabe«, stimmte ihr Linhart zu. »Denken Sie bloß dran, dass es ja in früheren Zeiten noch keinen Hochwasserschutz gab. Bei jeder Schneeschmelze, jedem Dauerregen ist Rattenberg überflutet worden. Stellen Sie sich vor, was für einen Schaden das in den Fundamenten angerichtet hat. Unterspülungen …«

Fanni hatte bereits auf das nächste Atemholen gelauert und nutzte nun ihre Chance. »Wer kann sich so aufwendige Renovierungen schon leisten?«

»Die wenigsten«, bestätigte Linhart. »Deshalb haben auch schon viele Alteingesessene ihre Häuser verkauft.«

»Aber wer kauft denn so ein ›fressendes Haus‹?«

Linhart schmunzelte. Offenbar hatte er Fannis Anspielung auf den Roman von Siegfried von Vegesack verstanden. »Leute mit Geld und Visionen.«

Der Begriff »Visionen« brachte Fanni aus dem Konzept. Sie suchte nach Worten, aber der Herr in Anzug und Krawatte, mit dem Emmi Schwan eben gesprochen hatte, kam ihr zuvor. Er war unvermittelt hinter Linhart aufgetaucht und hatte ihm die Hand auf die Schulter gelegt.

»Sigi Kamm sagt, Sie haben bei der Ausschreibung für das neue Schulgebäude gar keinen Entwurf eingereicht.«

Linhart drehte sich um. »Ich hätte den Auftrag nicht annehmen können.«

Der Anzugträger, der so kalt und seelenlos wirkte, dass Fanni ihn für einen Banker hielt, zeigte ein frostiges Lächeln mit einer Spur Sarkasmus darin. »Ausgebucht? Steht etwa ein Großprojekt an?«

Linhart wand sich. Auf seinen Wangen waren rote Flecke erschienen. »Vielleicht …«

»Also ja«, sagte der Anzugträger. »Aber man hält den Deckel drauf. So, so.« Damit ging er weiter zu Steber.

Es ist zum Aus-der-Haut-Fahren, dachte Fanni. Hier eine Andeutung, dort ein Hinweis. Bruchstücke über Bruchstücke, die sich nicht zu einem vernünftigen Gesamten zusammenfügen wollen.

Linhart machte Anstalten aufzustehen, doch das konnte Fanni nicht zulassen. Antworten mussten her.

»Ihr lukrativer Auftrag kommt wohl von den Stefflingers. Haben die nicht das Baumeisterhaus gekauft?«, fragte sie unverblümt.

Linharts Reaktion darauf war sehenswert. Zuerst wirkte er erschrocken, dann nachdenklich, dann lachte er. »Wo denken Sie denn hin? Anke und Hans-Dieter haben mit dem Kasten hier genug am Hals. Das Baumeisterhaus …« Er schüttelte vehement den Kopf. »Als ob das Baumeisterhaus jemals zum Verkauf stehen würde.«

»Warum tut es das denn nicht?«, fragte Fanni.

»Warum nicht?«, wiederholte Linhart, als hätte sie gefragt, warum der Himmel nicht auf Rattenberg hinunterstürze. »Warum nicht? Weil es – auch wenn man ihm das nicht unbedingt ansieht – das Herzstück Rattenbergs ist. Bautechnisch gesehen jedenfalls. Inzwischen ist ja fast alles verschüttet, aber in früheren Zeiten konnte man vom Baumeisterhaus aus unterirdisch die ganze Stadt durchstrei–«

Er wurde von Anke unterbrochen, die sich übertrieben vor ihm verneigte. »Sehr geehrter Herr. Die Mehrheit der Gäste hat soeben beschlossen, Ihnen und Martin Steber zu Ehren eine Friedenstaube fliegen zu lassen. Sie wird in wenigen Minuten geliefert. Kommen Sie zum Brunnen, geehrter Herr, da werden wir sie aufsteigen lassen.« Sie zerrte an seiner Hand, bis er sich erhob und mit ihr ging.

Fanni schloss die Augen und versuchte, den Gedanken zu fassen, der ihr einen Moment zuvor in den Kopf gekommen war. Wo … ah, da war er wieder.

Auch wenn das Verlies, aus dem Sprudel entkommen war, nicht direkt unter dem Baumeisterhaus liegen konnte, weil er ja durch einen Tunnel gekrochen war, bevor er im Innenhof an die Oberfläche gelangte, schien dort das ehemalige Tunnelsystem seinen Ausgangspunkt zu haben.

Sie spürte Sprudels Blick auf sich ruhen und hörte ihn in gedämpftem Ton sagen: »Das Kellergewölbe, in dem ich eingesperrt war, kann sich unter jedem beliebigen Rattenberger Haus befinden.«

Nicht ganz, dachte Fanni. Doch bevor sie es aussprechen konnte, sagte Sprudel schon: »Falsch. Die Strecke, die ich durch den Tunnel gekrochen bin, war ja nicht weit.«

Es kommen nur solche Häuser in Frage, die innerhalb von einem bestimmten, recht kleinen Radius liegen, sagte sich Fanni, wagte jedoch nicht, es laut auszusprechen, weil ständig jemand auf dem Weg zum Büfett in Hörweite vorbeiging.

Gleich um die Ecke ist das Augustiner-Eremitenkloster!

Könnte passen, überlegte Fanni. Waren Klöster nicht von jeher für ihre unterirdischen Gänge und Kammern berühmt?

Die meisten Gäste hatten sich mittlerweile zum Brunnen begeben, wo Hans-Dieter eine Rede hielt. Anke stand mit einem Korb bereit, in dem sich die Taube befinden musste.

Fanni sah sich nach denjenigen um, die zurückgeblieben waren, und entdeckte Steber allein auf einem Bänkchen unter Sträuchern. Offenbar hatte er sich geweigert, bei Ankes Posse mitzumachen.

Sie fragte sich, wie lange der angebliche Waffenstillstand wohl halten würde.

Eilig machte sie Sprudel auf Steber aufmerksam und deutete mit einer knappen Geste an, dass sie mit ihm sprechen wolle. Sprudel, hoffte sie, würde sich dazugesellen.

Steber verhielt sich noch brummiger als bei ihrem gestrigen Zusammentreffen auf dem Schlossberg. Fanni seufzte insgeheim. Wie konnte man den Kerl knacken?

Erleichtert sah sie Sprudel näher kommen. Mit einem fast unmerklichen Schulterzucken gab sie ihm zu verstehen, dass sie nicht wusste, wie Steber beizukommen war.

Da sagte Sprudel: »In Rattenberg soll ja bald gehörig gebaut werden.« Augenscheinlich hatte er sich entschieden, zu bluffen.

Steber blickte ihn missbilligend an. »Das ist noch nicht ausgemacht. Ganz und gar nicht.«

»Es gibt immer ein paar, die sich sträuben«, machte Sprudel weiter, und Fanni wusste nur zu genau, dass er einfach ins Blaue hineinredete.

»Mit gutem Grund«, knurrte Steber. »Mit gutem Grund.« Dann verlor sich seine Stimme in einem unverständlichen Gemurmel.

Fanni dachte daran, was Cornelia Wolters über ihren Bruder gesagt hatte, und versuchte es mit einem Vorstoß in diese Richtung. »Ihre Schwester hat uns von Ihrem Ahnherrn erzählt und davon, wie Sie die bayerischen Stolzers ausfindig gemacht haben. Sie müssen ja unheimlich gut Bescheid wissen, nicht nur übers Baumeisterhaus und seinen Erbauer, sondern …« Sie ließ den Rest einfach offen.

Steber sah sie an, als hätte sie gefragt, in welcher Gasse Rattenbergs Adam und Eva gewohnt hatten. »Was glauben Sie, wie viele Urkunden im Laufe der Jahrhunderte zerstört worden sind? Tausendmal so viele, wie wir noch haben, sage ich Ihnen. Zehntausendmal.«

»Trotzdem«, erwiderte Fanni. »Trotzdem haben Sie eine Menge herausgefunden.«

Er nickte grimmig. »Interessiert aber keinen.«

»Ihre Schwester hat uns mit großer Achtung davon erzählt«, machte Fanni einfach weiter. »Sie ist sehr stolz auf Ihre Arbeit gewesen.«

Steber traten Tränen in die Augen. »Ich hätte gleich auf sie hören sollen.«

»In welcher Beziehung denn?«, fragte Fanni hastig.

Zu hastig, denn Steber presste auf einmal die Lippen zusammen.

»Sie hat geahnt, dass etwas Übles im Gange ist«, flocht Sprudel mit weicher Stimme ein.

Steber nickte, dann sagte er reuevoll: »Anfangs habe ich ihr nicht zugehört, und später hat sie nicht mehr mit mir darüber reden wollen.«

»Aber jetzt wissen Sie, was Ihre Schwester bedrückt hat«, konstatierte Fanni.

Steber machte eine Bewegung, die sowohl Ja als auch Nein bedeuten konnte. »Ich weiß nur, dass in letzter Zeit eine ganze Reihe von alten Rattenberger Häusern den Besitzer gewechselt hat. Es geht um alte Häuser wohlgemerkt. Geschichtsträchtige Häuser. Das Geburtshaus der heiligen Notburga zum Beispiel soll verkauft worden sein, das ehemalige Zollhaus, die Nagelschmiedhäuser …«

»Das Baumeisterhaus«, warf Fanni ein.

»Das nicht«, widersprach Steber.

»Und wer sind die Käufer dieser Häuser?«, fragte Fanni.

Steber hob den Kopf und sah sie zum ersten Mal direkt an. »Das würde mich verdammt noch mal auch interessieren.«

Strohmänner. Das Wort peitschte wie ein Schuss durch Fannis Hirn. Hofer hatte es benutzt.

Waren sie etwa auf der richtigen Fährte?

»Ich tippe auf die Stefflingers«, sagte Sprudel provokant. »Womöglich kaufen sie ganze Straßenzüge auf.«

Martin Steber zog die Stirn kraus. »Für meinen Geschmack stecken die Stefflingers ihre Nase viel zu tief in Rattenberger Angelegenheiten und nisten sich viel zu aufdringlich hier ein, aber in großem Stil Grundbesitz aufzukaufen, das traue ich ihnen nicht zu. Warum auch? Warum sollten sie so was tun?«

Genau das ist die Frage, dachte Fanni.

Laut sagte sie: »Häuser wechseln den Besitzer. Wer und was auch dahintersteckt, Linhart scheint daran beteiligt zu sein. Was könnte er denn am Laufen haben?«

»Linhart?« Steber spuckte den Namen geradezu aus. »Linhart ist sich bestimmt für keine Lumperei zu schade, aber für was wirklich Großes hat er nicht den Mumm und nicht den Grips. Cornelia hat auch immer gesagt, dass Linhart eine linke Bazille ist und dass man ihm nicht um so viel trauen kann, wie das Schwarze unter seinem Fingernagel wert ist.« Er unterdrückte ein Stöhnen. »Ich hätte es wirklich besser wissen müssen. Aber als Linhart mit diesem lukrativen Mietvertrag ankam, habe ich nicht lang überlegt. Ich habe das Geld einfach dringend gebraucht.«

»Sie haben das Baumeisterhaus an Linhart vermietet, weil Sie sich mit den Renovierungskosten übernommen hatten«, sagte Fanni mehr, als dass sie fragte.

Steber bejahte dumpf. »Als Cornelia davon erfahren hat, hat sie zugemacht wie eine Auster.«

»Ist Linhart schon eingezogen?«, fragte Fanni.

Steber sah sie verwirrt an. »Davon ist nie die Rede gewesen. Er wollte das Baumeisterhaus als Konferenzzentrum oder so was – für irgendwelche Planungen, Zusammenkünfte, was weiß ich.«

»Mit wem hat er sich denn da getroffen?«, fragte Fanni.

Steber winkte ab. »Mit allen möglichen Leuten. Ich habe sie mir nicht angesehen.«

»Niemand, den Sie kannten?«, hakte Fanni nach. »Titow zum Beispiel?«

Steber zuckte die Schultern.

»Könnte er der große Unbekannte sein, der Rattenberger Häuser kauft?«, fragte Fanni.

»Ich weiß es nicht«, antwortete Steber matt. »Geld hätte er vermutlich genug. Kunst wird teuer gehandelt, und wer weiß, wo er das Zeug herhat. Ob er allerdings als Russe hier bei uns in Tirol so einfach –«

»Titow ist Finne«, unterbrach ihn Fanni.

»Ausländer bleibt Ausländer«, beschied ihr Steber. Plötzlich schien ihm etwas Beunruhigendes in den Sinn zu kommen. »Seine Tochter hat ein Techtelmechtel mit dem jungen Schwan angefangen … Hat Titow etwa vor, seiner Tochter zuliebe …«

»Seinen Geschäftssitz nach Rattenberg zu verlegen?«, vollendete Fanni den angefangenen Satz. »Kommt er denn oft her in letzter Zeit? Öfter als früher?«

»Viel öfter«, bestätigte Steber. »Titow könnte tatsächlich …«

»Ambitionen haben«, half ihm Fanni, weil er offenbar nicht recht wusste, was er eigentlich sagen wollte. »Und er würde Räume benötigen. Stilvolle Räume.«

»Aber doch nicht eine halbe Stadt«, sagte Steber.

»Warum nicht? Vielleicht hat er sich mit einem Kompagnon

zusammengetan. Kunstgegenstände aller Art.« Fanni dachte an die Statuen im Baumeisterhaus. »Auf mindestens einem Quadratkilometer Ausstellungsfläche.«

Steber ließ eine Andeutung von Belustigung erkennen, zeigte gleich darauf jedoch wieder seine bärbeißige Miene. »In einem könnten Sie durchaus recht haben: Falls Titow hier Fuß fassen will, wäre er gut beraten, sich mit jemandem zusammenzutun.«

»Wäre Stefflinger da nicht ganz der Richtige?«, fragte Fanni.

Steber legte nachdenklich die Stirn in Falten.

Fanni hielt es für zweckmäßig, ihn ein bisschen grübeln zu lassen. Vielleicht kam ja etwas Brauchbares dabei heraus.

Tatsächlich sagte Steber nach einiger Zeit: »Stefflinger ist einer, den man gern unterschätzt, weil er sich so lax gibt, so unbedarft.«

Etwas Ähnliches hatte Fanni schon einmal gehört.

»Und er hat ein Faible für Kunst, vor allem für Skulpturen«, fügte Sprudel mit einem amüsierten Blick auf einen Cupido hinzu, der von einem Sockel herunterschielte.

Steber stützte den Kopf auf die Hände und starrte die Kieselsteine zu seinen Füßen an. »Ist Cornelia deshalb tot, weil sie denen irgendwie in die Quere gekommen ist?«

Fanni überließ es ihm selbst, die Antwort darauf zu finden.

So schwierig ist das jetzt nicht mehr, dachte sie. Denn nun passt wohl alles zusammen.

Was die Einträge in Cornelias Notizbuch betraf, durfte man davon ausgehen, dass es sich um eine Aufzählung der verkauften Häuser handelte. Weshalb sie den Zustand der Gebäude kommentiert und Skizzen gemacht hatte, war nicht recht klar. Fanni konnte sich vorstellen, dass sie über das ehemalige Tunnelsystem Bescheid wusste und sich einen ungefähren Überblick verschaffen wollte, inwieweit die Bauten früher verbunden gewesen und es auch heute noch waren. Die Zahlen in dem Notizbuch konnten Kosten beziffern. Beträge, die Cornelia Wolters Angst gemacht hatten.

Warum?

Weil sich die Frage aufdrängte, ob hier alles mit lauteren Absichten zuging.

Aber sie konnte nichts belegen! Und sie hatte keine Ahnung, wer hinter allem steckte!

Darum hat sie niemandem mehr über den Weg getraut, sagte sich Fanni. Nicht einmal ihrem Bruder.

Weil der sich mit Linhart eingelassen hat! Und Linhart war Cornelias Hauptverdächtiger!

Er steckt ja auch bis zum Hals mit drin, pflichtete Fanni ihrer Gedankenstimme bei.

Ein seltsames Geräusch stoppte ihren Gedankengang. Als sie aufschaute, sah sie, dass Steber weinte. Er hatte den Kopf in den Händen geborgen und schluchzte.

Fannis Blick suchte Sprudel, der in die Ferne starrte. Als er spürte, dass Fanni ihn ansah, wandte er sich ihr zu.

Worte waren nicht nötig. In seinem Gesicht konnte sie lesen, dass er zu ähnlichen Schlussfolgerungen gekommen war wie sie selbst.

Blieb die Frage: Was tun?

Fanni wollte sie eben stellen, als sie aus den Augenwinkeln eine Bewegung wahrnahm.

Sie hörte ein Rascheln, sah einen mintgrünen Schimmer, dann stand Anke Stefflinger vor ihnen.

»Martin, du darfst jetzt nicht kneifen.« Als sie merkte, in welcher Verfassung er war, strich sie ihm kurz über die Haare. »Lass dir noch einen Moment Zeit, aber dann komm.« Sie packte Sprudel am Ärmel und zog ihn mit sich fort. »Und du kommst gleich mit.«

Steber hatte sich aufgerichtet und das Gesicht getrocknet. Nun saß er brütend da. Als Fanni seinen Blick einfing, schüttelte er stumm den Kopf.

Gut. Auch sie drängte es nicht zu den anderen. In ihrem Kopf hämmerte noch immer die Frage, was sie tun sollten.

Man könnte den Bürgermeister informieren, den Stadtkämmerer oder so jemanden!

Fanni brauchte nicht lang, um die Idee zu verwerfen. Man

würde sie und Sprudel für verrückt halten, sie auslachen. Schlimmer noch, der Bürgermeister, der Stadtkämmerer, wer auch immer für die Erteilung einschlägiger Genehmigungen zuständig war, konnte bestochen sein. Ein paar wichtige Leute *mussten* bestochen sein, sonst hätte die Sache nicht funktioniert.

Der Fall scheint eine Nummer zu groß zu sein für dich und Sprudel! Noch ist Zeit, die Finger davon zu lassen! Was kümmert euch Rattenberg? Was die Leute hier?

Sie sind mir mehr oder weniger egal, gab Fanni zu. Aber Cornelia Wolters und Hofer sollen nicht umsonst gestorben sein.

Womit wir wieder bei der Frage sind: Was tun?

Beweise finden, dachte Fanni. Sobald wir die haben, können wir den Sumpf trockenlegen.

Und wo willst du nach diesen Beweisen suchen?

Fanni hatte sich bereits erhoben. Sie wollte noch einmal Stefflingers Büro filzen. Zum einen weil die Gelegenheit günstig war, denn Anke hatte inzwischen die gesamte Gästeschar um sich versammelt. Zum andern weil sie nun zu wissen glaubte, wonach sie Ausschau halten musste: nach einschlägigen Kaufverträgen, notariellen Urkunden, geschäftlichen Vereinbarungen.

Geheimsachen, die so brisant sind, dass Stefflinger sie vermutlich getrennt vom restlichen Papierkram in einem Safe verwahrt!

Fanni wollte gerade den kleinen Tisch mit den beiden Stühlen passieren, an dem sie zusammen mit Titow gegessen hatte, und blieb nun jäh stehen. An einen Safe hatte sie nicht gedacht. Sie hatte auch nirgends einen gesehen.

Befinden sich Tresore nicht meistens in der Wand eingelassen hinter Gemälden?

Fanni starrte auf das benutzte Geschirr, das noch immer auf dem Tisch stand. Dass Stefflinger brisante Schriftstücke in einem Safe verwahrte, war naheliegend.

Eben! Und ein guter Grund, das Vorhaben aufzugeben!

Fanni presste trotzig die Lippen zusammen. Wegen einer bloßen Vermutung würde sie die Segel noch lange nicht streichen.

Ebenso gut wie in einem Safe konnte Stefflinger seine Dokumente in einem abgeschlossenen Schreibtischfach bunkern.

Das du dann allerdings aufbrechen müsstest!

Fanni griff nach Titows Steakmesser und steckte es in ihren Hosenbund.

11

Fanni betrachtete die Schreibtischschubladen, die sie – abgesehen von der untersten – bereits am Mittag durchsucht hatte. Der Vollständigkeit halber zog sie nun auch diese auf und fand, was sie erwartet hatte: Angebote von Wein- und Spirituosenhändlern, von Versandhäusern für Feinkost, Kataloge mit Kunstobjekten und Dekoartikeln. Nichts, was eine genauere Durchsicht lohnte.

Der Inhalt der Schreibtischschubladen passte so gut zu dem Bild, das man sich von Hans-Dieter Stefflinger machte, dass ihr wieder Zweifel kamen. Konnte dieser behäbige, gastfreundliche Genießer tatsächlich noch ein anderes, beängstigendes Gesicht haben? Versteckte sich hinter der aufgeräumten Fassade ein knallharter, skrupelloser Geschäftsmann? Schwer vorstellbar. Aber Cornelia Wolters' Notizen, Stefflingers Grundsteuerbescheid und seine Verbindung zu Titow sprachen dafür.

Fanni begab sich auf die andere Seite des Schreibtischs, wo sie ein verschlossenes Türchen fand. Sie wollte sich schon darüber hermachen, als sie plötzlich Hemmungen befielen. Durch das Fenster konnte ihr jeder, der davor stehen blieb, zuschauen; durch die Zimmertür jederzeit jemand hereinkommen. Hastig lief sie zuerst zum Fenster und zog die Vorhänge vor, dann stellte sie einen Stuhl vor die Tür, dessen Lehne das Hinunterdrücken der Klinke verhinderte. Schließlich kehrte sie zum Schreibtisch zurück, ging in die Knie und hebelte das Türchen auf.

»Schon besser«, murmelte sie, nachdem sie aus dem obersten Fach etliche Schriftstücke gezogen hatte und feststellte, dass es sich hauptsächlich um Anschreiben von Behörden handelte. Die Stadtverwaltung stellte neue Wasseruhren in Aussicht, das Katasteramt schickte eine Mitteilung über die Begradigung von Grundstücksgrenzen, der Bezirkskaminkehrer bestätigte die Korrektheit der Abgaswerte. Zwischen diesen Schreiben steckten benutzte Zugtickets, Eintrittskarten, sogar Bierfilze. Dinge, die in den Müll gehört hätten.

Zu früh gefreut!

Fanni griff in das mittlere Fach und förderte ein paar Schreiben von Versicherungen zutage, entdeckte einen Kaufvertrag für einen Mercedes der C-Klasse – das musste der Wagen sein, der in der Zufahrt stand – und die zugehörige Versicherungspolice sowie einen Gartenkatalog und drei alte Telefonbücher.

Ordnung scheint für Hans-Dieter ein Fremdwort zu sein!

Nachlässig ist er, sorglos und chaotisch. Fanni starrte aufgebracht das Durcheinander an, das Stefflingers Papiere boten. Konnte jemand, der so schludrig mit seinen Unterlagen umging, tatsächlich mit strategischer Tatkraft auf ein ehrgeiziges Ziel zustreben?

Gereizt begann Fanni, alles in die Fächer zurückzustopfen, ohne darauf zu achten, wo etwas zu liegen kam. Sollte Stefflinger doch denken, was er wollte. Wegen der aufgebrochenen Tür würde er sowieso schnell merken, dass jemand in seinem Schreibtisch gewühlt hatte.

Als Fanni die Versicherungspolice obenauf deponierte, flatterte ein Blatt zu Boden, das an der Rückseite gehaftet haben musste. Sie wollte es schon unbesehen weglegen, da blieb ihr Blick auf einer Zahl haften.

Sie starrte auf das Blatt Papier in ihren Händen und versuchte zu begreifen, was der Text darauf bedeutete.

Ist doch klar! Man bietet den Stefflingers eins Komma zwei Millionen für diese Hütte hier!

Fannis Neurotransmitter blockierten, weil sie jäh eine sinnvolle Theorie auf den Kopf gestellt sahen.

Eine ganze Menge Zunder für die Bleibe voll Kunst, Krempel und Feinkost! Aber Hans-Dieter scheint nicht interessiert zu sein, sonst hätte er das Angebot nicht unter »ferner liefen« archiviert.

Fanni versuchte, das Geplapper der Gedankenstimme abzuschalten.

Man hatte den Stefflingers ein Angebot für ihr Rattenberger

Haus gemacht. Was hatte das zu bedeuten? Dass Stefflinger an den Aufkäufen in der Stadt überhaupt nicht beteiligt war? Dass auch sein Besitz …

Fanni konnte den Gedankengang nicht mehr zu Ende führen.

Ein heftiger Schlag traf sie in den Nacken. Ihr Kopf schnellte nach vorn, ihre Stirn knallte an die Schreibtischkante.

»Warum konnten Sie es nicht einfach sein lassen?«

Ist das Stefflingers Stimme? So akzentuiert? Normalerweise nuschelt er doch!

Bevor Fanni sich umwenden konnte, um festzustellen, wer sie attackiert hatte, wurden ihr beide Arme auf den Rücken gedreht. Im nächsten Moment spürte sie etwas Feuchtes, scharf nach Alkohol Riechendes auf Mund und Nase. Dann wurde sie auf die Füße gestellt und vorwärtsgestoßen.

Im Würgegriff ihres Angreifers stolperte Fanni auf eine so gut wie unsichtbare Tür zu, die sich hinter dem Torso mit der Lackbox auf der Schulter aufgetan hatte. Sie wurde in einen dämmrigen Raum geschubst, in dessen Mitte ein viereckiges Loch gähnte, aus dem feuchtkalte Luft waberte.

Adieu, schöne Welt! »*Ein Stein deckt Fanni Rot bald zu, zu ihrer und zu unserer Ruh!*«

Fanni versuchte, sich zu wehren. Sie wollte nicht dort hinuntergestoßen werden. Wollte nicht in einem halb verfallenen mittelalterlichen Tunnel vermodern.

Sie trat nach dem Kerl, der sie auf das Loch zuschob, warf den Kopf nach hinten und seitwärts auf der Suche nach seiner Hand, in die sie ihre Zähne schlagen wollte, und musste erkennen, dass die Übelkeit, die in ihr aufstieg, sie gleich überwältigen würde.

Das Grab, das man ihr zugedacht hatte, war nur noch zwei Schritte entfernt.

Fanni kniff die Augen zu, um es nicht sehen zu müssen.

Ein weiterer Schritt nach vorn, gleich würde sie in die Tiefe stürzen.

Hektisch tastete sie nach einem Haltegriff, an dem sie sich festklammern konnte, bekam ein Stück Stoff zu fassen, das ihr wieder entrissen wurde. Schließlich krallte sie die Finger um etwas, das sich anfühlte wie ein Ledergürtel.

Im nächsten Augenblick fiel sie.

Sie landete verblüffend weich, ohne sich besonders wehzutun. Dennoch hörte sie einen Schmerzenslaut.

Der aber nicht von ihr gekommen sein konnte.

Fanni kauerte auf allen vieren, das Stück Leder, das sie gepackt hatte, war ihr aus den Fingern gerutscht. Vorsichtig hob sie den Kopf und blinzelte ins Dämmerlicht.

Neben ihr bewegte sich jemand. Bevor sie sich ihm zuwenden konnte, spürte sie einen Arm, der sich wieder im Würgegriff um ihren Hals legte.

Sie musste denjenigen, der sie in das Loch hinunterstoßen wollte, mit sich gerissen haben, indem sie sich an seinen Hosengürtel klammerte.

Und er hat sich dabei verletzt!

Aber offenbar nicht schwer.

Die Kraft, mit der sein Arm gegen ihren Hals drückte, machte ihr klar, dass sie – ob er nun verletzt war oder nicht – keine Chance gegen ihn hatte. Wer war das, der sie so unbarmherzig festhielt?

Fanni verdrehte die Augen, soweit sie es vermochte.

Ihr Blick fand eine Hand, die sich am Boden abstützte. Am kleinen Finger steckte ein Ring, den sie schon einmal gesehen hatte. Es handelte sich um einen breiten Goldreif mit einem flachen grünen Stein.

Lothar Ziller trägt so einen!

Fanni entwich ein Keuchen. Lothar Ziller? Unmöglich.

Nichtsdestoweniger logisch!

Die Gedankenstimme hatte recht. War sie nicht selbst schon auf den Gedanken gekommen, dass jemand mit Macht und Einfluss hinter allem stecken musste?

»*Sie* haben Cornelia Wolters und Max Hofer ermordet«, presste sie mit Abscheu heraus.

»Nur die Wolters«, antwortete Ziller trocken. »Sie war dumm genug, einen Spaziergang mit mir zu machen.«

Der Druck auf ihre Kehle war unerträglich. Trotzdem bemühte Fanni sich zu sprechen. »Zu dem Sie sie überredet haben, weil Sie von dem Notizbuch wussten und gesehen haben ...« Sie konnte nicht weiterreden.

Ziller ließ sie kurz Atem holen, dann drückte er wieder stärker zu. »Die Wolters hat mich keinen Augenblick lang in Verdacht gehabt. Sie hat mir sogar haarklein erklärt, was sie über die Aufkäufe herausgefunden hat, und wollte ... Aber das wissen Sie ja.« Nach einer kurzen Pause wiederholte er die Worte, die er als Allererstes gesagt hatte: »Warum konnten Sie es nicht einfach sein lassen?«

Während er sie sprach, drückte er Fanni die Luft ab.

Ihr wurde schwarz vor Augen.

Plötzlich erklang ein dumpfer Ton, als würde ein Gong geschlagen. Im nächsten Moment fühlte sie sich jäh losgelassen, taumelte, kippte zur Seite.

Als sie die Augen aufschlug, sah sie neben sich einen menschlichen Körper liegen, der mit einer Unzahl weißer Kleckse bedeckt war, die sie an Schneeflocken erinnerten. Darüber wehte eine mintgrüne Fahne.

Du halluzinierst!

Zweifellos, dachte Fanni. Der Kerl hat mich in das Loch gestoßen, da liege ich nun und habe Wahnvorstellungen.

Die dir auch noch Stefflingers Stimme vorgaukeln! Was nuschelt die denn?

»Schade um den schönen Milchreis. Wenn ich gewusst hätte, wofür du ihn verwenden willst, hätte ich nicht eine halbe Flasche Amaretto Disaronno Originale hineingerührt.«

»Mehr als schade. Aber was sollte ich machen? In der nächsten Sekunde hätte er sie erwürgt gehabt.«

»Schon gut.« Das war wieder Stefflinger. »Ein Glück, dass du im richtigen Moment dazugekommen bist.«

»Ich wollte den Milchreis zum Abkühlen in den Vorratsraum stellen.« Unverkennbar Ankes Plapperstimme. »Als ich gesehen habe, dass die Falltür offen war, habe ich erst gedacht, du wärst unten. Dann ist mir aber eingefallen, dass du in der Küche die Orangen schälst. Da habe ich hinuntergeschaut. Es hat schon ein bisschen gedauert, bis mir klar geworden ist, was sich abspielt. Aber dann habe ich erstklassig reagiert.« Anke lachte. »Du hättest sehen sollen, wie der schwere Topf ihn umgenietet hat.«

Fanni lag mit angezogenen Knien auf der Seite. Sie hatte die Augen geschlossen und atmete stoßweise. Ihre Kehle war so wund, dass ihr jedes Luftholen wehtat.

»Ruhig, ganz ruhig. Gleichmäßig atmen. Nicht sprechen.«

Starke Arme umschlangen sie, hoben sie hoch, trugen sie fort. Sie schaukelte in diesen Armen wie auf einem Schiff, und das machte sie furchtbar schwindelig. Irgendwann wurde sie auf etwas Gepolstertes gebettet. Sie öffnete die Augen, konnte jedoch nicht sehen, wer ihr ein Kissen unter den Kopf schob, eine Decke über sie breitete, denn alle Konturen waren unscharf, schwankten, flossen ineinander. Nur ein bloßer Unterarm hob sich auf einmal deutlich ab, auf dem eine Tätowierung zu erkennen war.

Die Ahnentafel von Wyborg! Der Tattoo-Mann wird dir gleich den Rest geben, und die Stefflingers werden ihm dabei assistieren! Do swidanja, Fanni!

12

Anke hüpfte wie ein mintgrüner Petziball in Fannis Gesichtsfeld
auf und ab, was ihr Schwindelgefühl verstärkte. »Die Polizei ist
schon unterwegs. Der Kerl wird auf der Stelle eingebuchtet.«

Fanni riskierte einen Blick auf Titow, der sich noch immer
über sie beugte, die Decke zurechtzog, ihr die Haare aus der
Stirn strich, um dann Anke Platz zu machen, die ihr mit einem
feuchten Tuch übers Gesicht wischte.

Sieht nicht so aus, als sollte er eingebuchtet werden!

Irgendetwas stimmte hier nicht.

»Er ... er will mich be-beseitigen«, stotterte Fanni mit kräch-
zender Stimme und deutete mit einem zitternden Finger auf
Titow.

Anke brach in Gelächter aus. »Jegor doch nicht, Schäfchen.«
Sie trat einen Schritt zurück.

Erneut erschien Titow, beugte sich so weit vor, dass sein
Gesicht wie ein Lampenschirm über ihr hing. In den Händen
hielt er ein besticktes Kissen. »Sie halten mich also für einen
Mörder und einen ...«

»Halsabschneider«, rief Anke über seine Schulter, weil er
offenbar nicht weiterwusste.

Fanni schluckte, schielte auf das Kissen, das ihr gleich auf
Mund und Nase gepresst werden würde.

Titow lächelte breit. »Aber ich nehme es Ihnen nicht übel.«
Er stopfte das Kissen zwischen Sofalehne und Fannis Rücken.

»Wenn ich Ihnen unrecht getan habe, tut es mir sehr —«,
begann Fanni, aber Titow ließ sie nicht ausreden.

»Sie müssen sich wirklich nicht entschuldigen. Ich bin ihm
ja selbst auf den Leim gegangen. Er hat Geschäfte mit mir gemacht. Durchaus reelle Geschäfte, bei denen er aber nur zum
Ziel hatte, Kontakte zu russischen Kaufleuten zu knüpfen,
was ihm auch gelungen ist. Vermutlich hat er sich dann die
skrupellosesten herausgepickt.« Titow richtete sich aus seiner

unbequemen Stellung auf, zog sich einen Stuhl heran und ließ sich nieder. »Sagen Sie jetzt nicht, ich hätte was merken müssen. Hätte ich. Habe ich irgendwann auch. Und mein Verdacht, dass etwas Verhängnisvolles vor sich ging, hat sich von Mal zu Mal verstärkt. Aber auf das, was wirklich lief, bin ich nicht gekommen.«

»Dass Rattenberg in ein riesiges Outletcenter Marke Parndorf umfunktioniert werden sollte«, krächzte Fanni.

Titow klopfte ihr sanft auf die Schulter. »Gute Ermittlungsarbeit. Hätte Sie aber beinahe das Leben gekostet.«

Von draußen waren Stimmen und Fußgetrappel zu hören. Türen schlugen. Metall klirrte.

»Ah, sie holen ihn«, rief Anke.

Fanni versuchte, den Kopf zu heben. »Wen?«

»Na, Ziller. Schäfchen.«

Ja, richtig. *Er* stand hinter allem. Ziller, der große Sponsor, der allseits geachtete Ratgeber und Mentor.

Der als Einziger wirklich imstande war, so ein Ding durchzuziehen!

Ja, dachte Fanni. Er hatte genügend Macht und Einfluss. Und zudem hat er es geschafft, sich bei allen beliebt zu machen und jedermanns Vertrauen zu gewinnen.

Fanni Rot nicht ausgenommen!

Er hat die Gebäude über Strohmänner gekauft, aber woher hatte er das Geld dafür? So reich kann er ja eigentlich nicht sein – Firmenmanager hin oder her –, dass er mehrstellige Millionenbeträge aufbringen könnte.

Da haben ihm wohl seine russischen Geschäftsfreunde unter die Arme gegriffen!

Ob es Ziller wohl selbst mulmig geworden war, als ihm klar wurde, mit wem er sich eingelassen hatte?

Fanni griff nach Titows Hand, die noch auf ihrer Schulter lag. »Wonach haben Sie denn heute Mittag im Baumeisterhaus gesucht?«

Er wirkte völlig perplex. »Wo soll ich etwas gesucht haben?«

Fanni beschrieb ihm, was sie und Sprudel aus ihrem Versteck hinter der Stellwand beobachtet hatten.

Er nickte begreifend. »Sie müssen sich getäuscht haben. Ich kann gar nicht dort gewesen sein. Zu dieser Zeit war ich auf der Autobahn unterwegs.«

Fanni glaubte ihm. Was bedeutete, dass sie einem Irrtum aufgesessen waren.

Was habt ihr durch die winzigen Schlitze in der Stellwand schon groß gesehen: einen stämmigen Kerl mit einem Tattoo auf der Hand, mehr nicht!

Da sie den Tattoo-Mann alias Titow bereits in Verdacht hatten, waren sie gar nicht auf die Idee gekommen, es könne sich um einen anderen Tätowierten handeln. Und als der Kerl anfing, auf Russisch zu telefonieren, gab es keinen Zweifel mehr.

Aber wen hatten sie gesehen?

Vielleicht einen von Zillers – sagen wir mal – Aufpassern!

Das Wort blieb in Fannis Hirnkasten hängen.

Ob *sie* nun wohl versuchen würden, ihn zu beseitigen, damit er keine Namen nennen konnte?

Aus dem Flur waren jetzt wieder Stimmen und Schritte zu hören.

»Sie liegt wohlbehalten auf der Couch.« Eindeutig Hans-Dieter. »Anke hat sie mit einer extraordinären Waffengattung verteidigt.«

Fanni hörte Anke hinter Titows Rücken kichern. »Hans-Dieter wird mir nie verzeihen, dass ich Ziller mit dem Topf voll Milchreis k.o. geschlagen habe. Wegen des exquisiten Amarettos, der dabei draufgegangen ist, wird er mir ein Leben lang Vorhaltungen machen. ›Warum hast du nicht die Machete aus Haiti genommen, die neben der Speisekammer an der Wand hängt? Das ist eine Waffe, Anke. Die hättest du nehmen sollen. Man verteidigt sich mit *Waffen*, Anke, nicht mit kostbaren Spirituosen.‹«

»Was ist das für ein Loch in eurer Speisekammer?«, fragte Fanni.

»Oh«, machte Anke. »Da geht es in Hans-Dieters Weinkeller. Die Falltür ist normalerweise geschlossen. Ziller hat darüber

Bescheid gewusst. Hat uns selbst mal erzählt, dass unser Weinkeller vermutlich einer der Zugänge zu einem weit verzweigten Tunnelsystem ist, das halb Rattenberg unterminiert.«

Wenn es nach Ziller gegangen wäre, hättest du in einem dieser Tunnel verrotten sollen!

Ziller hatte also über die unterirdischen Gänge Bescheid gewusst. Womöglich hatten sie in seinen Plänen sogar eine Rolle gespielt.

Mittlerweile waren die Schritte herangekommen. Titow stand auf, machte Platz.

»Wie Sie sehen, ist Ihre Frau in den besten Händen«, sagte Hans-Dieter. »Aber sie sollte sich noch ein Weilchen ausruhen.«

Fanni sah Sprudel nicken, dann beugte er sich über sie.

Gleich wirst du seinem sehr, sehr vorwurfsvollen Blick begegnen!

In seinen Augen stand nichts als Erleichterung.

»Linhart hat sich auf Französisch empfohlen«, sagte Hans-Dieter. »Saß er nicht mit Ihnen am Tisch?« Sprudel bejahte. »Als die Polizei mit Ziller aus dem Haus kam, ist er aufgesprungen und wie von Furien gehetzt davongerannt.«

Linhart ist wahrscheinlich klar geworden, dass sein Großauftrag gerade absäuft! Dass Rattenbergs geschichtsträchtige Gebäude nun doch nicht umgebaut werden. Weder à la Parndorf noch sonst wie. Und schon gar nicht von ihm.

Er ist aber nicht der Einzige von hier, der mit drinhängt und sich die Finger schmutzig gemacht hat, dachte Fanni. Sie hegte da einen gewissen Verdacht gegen Sigi Kamm.

Die polizeilichen Untersuchungen würden langwierig werden und eine Menge Staub aufwirbeln.

Fanni fragte sich, ob man desjenigen habhaft werden würde, der Hofer von den Felsen gestoßen hatte. Sie hoffte es sehr. Er sollte dafür büßen müssen.

Hans-Dieter war nach nebenan gegangen und kam nun mit einem dickwandigen Glas zurück, in dem eine braune Flüssigkeit schwappte. »Das tut Ihnen jetzt gut.«

Sprudel half Fanni, sich aufzurichten.

Hans-Dieter reichte ihr das Glas, sie nahm gehorsam einen

Schluck und merkte, dass er recht hatte. Der Weinbrand wärmte und entspannte sie.

Hans-Dieter grinste. »Sie haben mich für einen ausgesprochenen Halunken gehalten.«

Du solltest dich in aller Form entschuldigen!

Stattdessen sagte Fanni: »Sie haben das Notizbuch genommen und haben es abgestritten.«

»Was für ein Notizbuch?«, fragten Anke und Hans-Dieter unisono. Ihre Überraschung wirkte echt.

»In Sprudels Tasche befand sich das Notizbuch von Cornelia Wolters, in dem es Hinweise auf Zillers Plan gab. Ich habe es am Boden hinter Ihrem Papierkorb gefunden.«

Hans-Dieters Wangen hatten sich bei Fannis Worten gerötet. »Wir haben die Tasche durchsucht, weil wir gehofft haben, den Besitzer ermitteln zu können. Aber da war kein Notizbuch, wirklich nicht.«

Es musste, ohne dass die Stefflingers es bemerkt hatten, herausgerutscht und zwischen dem Abfall, der um den Papierkorb herumlag, liegen geblieben sein. Das Blatt mit dem Aufdruck des Hotels, das Sprudel um das Büchlein geschlagen hatte, musste sich gelöst haben, war sonst wo gelandet und später als Schmierzettel verwendet worden.

Die beiden Stefflingers sahen sich stumm an und gelangten wohl zu einem ähnlichen Ergebnis, denn Anke sagte sichtlich beschämt: »Ich weiß, wir sind hoffnungslose Chaoten.«

Fanni nahm einen großen Schluck von ihrem Weinbrand. »Und die Ansichtskarte von Parndorf auf Ihrem Schreibtisch hat Sie noch verdächtiger aussehen lassen.«

Hans-Dieter schnappte nach Luft. »Die hat mir Anke geschickt – vor drei Wochen, als sie mit ihrer Freundin verreist ist und eine recht ergiebige Shoppingtour gemacht hat.« Er deutete auf den grünen Kaftan.

Daraufhin herrschte eine ganze Weile Schweigen im Zimmer. Fanni trank ihren Weinbrand aus. Sprudel nahm ihr das leere Glas ab, lächelte ihr liebevoll zu. Titow war wieder näher ans Sofa getreten, hatte offenbar vor, sich von Fanni und Sprudel zu verabschieden. Anke und Hans-Dieter schienen erneut stumme Zwiesprache zu halten.

Als Hans-Dieter sich räusperte, wandten sich ihm alle zu. »Anke und ich haben uns gerade eben entschlossen, zur Feier der Errettung Rattenbergs vor dem schrecklichen Schicksal, in ein gigantisches Outletcenter verwandelt zu werden, morgen Abend ein Essen zu geben.«

Fanni und Sprudel sahen sich an, und diesmal waren sie es, die sich ohne Worte verständigten.

Nein, trotz aller Dankbarkeit – schließlich hatte Anke einen ganzen Topf voller Milchreis geopfert, der bereits mit exquisitem Amaretto veredelt war, um Fanni vor dem sicheren Tod zu retten – würden sie ganz bestimmt kein Gelage bei den Stefflingers mehr mitmachen.

Nachwort

Das mittelalterliche Städtchen Rattenberg in Tirol entspricht im Großen und Ganzen den Beschreibungen im Roman. Einige Schauplätze, das Baumeisterhaus beispielsweise und der Landgarten, sind jedoch fiktiv. Richtig ist, dass auf dem Schlossberg alljährlich Festspiele stattfinden. Ein Stück mit dem Titel »Räuberg'schichten« ist jedoch nie aufgeführt worden.

Ebenso wenig wie das Stück einer realen Vorlage entspricht, entsprechen die Darsteller realen Personen. Alle handelnden Figuren und auch die Ämter, die sie bekleiden, sind frei erfunden.

An dieser Stelle möchte ich es nicht versäumen, allen Rattenbergern, insbesondere Heide Schwarz, für den freundlichen Empfang und die umfassenden Auskünfte zu danken.

Und wie immer gilt besonderer Dank meiner Familie, meiner langjährigen Lektorin Stefanie Rahnfeld, dem gesamten Emons-Team sowie Dr. M. Auer von der Literaturagentur Aulo.

Die Grabsprüche stammen von diversen Internetseiten.

Als Quelle für Beschreibungen von Rattenberg diente der Stadtführer von Hermann Drexel.

Die Erfolgsserie der Bestsellerautorin Jutta Mehler:

Alle Titel sind auch als eBook erhältlich.

Krimis mit Fanni Rot

Saure Milch
ISBN 978-3-89705-688-6

Honigmilch
ISBN 978-3-89705-784-5

Milchschaum
ISBN 978-3-89705-803-3

Magermilch
ISBN 978-3-89705-898-9

Milchrahmstrudel
ISBN 978-3-89705-963-4

Eselsmilch
ISBN 978-3-95451-006-1

Milchbart
ISBN 978-3-95451-285-0

Wolfsmilch
ISBN 978-3-95451-532-5

Milchlinge
ISBN 978-3-95451-804-3

www.emons-verlag.de

Krimis mit Hilde, Thekla und Wally

Mord und Mandelbaiser
ISBN 978-3-95451-168-6

Mord mit Streusel
ISBN 978-3-95451-396-3

Mord mit Marzipan
ISBN 978-3-95451-664-3

Mord mit Schokoguss
ISBN 978-3-95451-998-9

Weitere Titel

Moldaukind
ISBN 978-3-89705-452-3

Am seidenen Faden
ISBN 978-3-89705-504-9

Schadenfeuer
ISBN 978-3-89705-580-3

Der kleine Flüchtling
ISBN 978-3-95451-090-0

www.emons-verlag.de